初心者「1万人」から相談されるプロが答える「80」のQ&A

最新版

サラリーマン大家さん“1棟目”の教科書

峯島忠昭
株式会社水戸大家さん 代表
株式会社MTK 代表

はじめに 〜改定版刊行に添えて〜

サラリーマンの間で〝不動産投資ブーム〟と言われるようになって早くも数年が経ちました。

実は私も以前は茨城県水戸市のサラリーマン大家さんでした。現在はその経験と目線から、全国各地をまわり同じように不動産投資に興味がある方へ向けて、セミナーや投資面談を行っています。

延べ人数としては、2万5千人以上、最近は年間2000人以上もの方に、ほぼ毎日アドバイスをしています。傾向としては、すでに物件を所有されている方もいますが、やはり「これから不動産投資家を目指したい！」という初心者の方がほとんどです。

職業は様々で、サラリーマンであれば、それこそ中小企業にお勤めの方から、上場企業にお勤めの方まで幅広くいらっしゃいます。

他にも、公務員や医師、弁護士、経営者、自営業・・・様々な職業の方がいらっしゃいますが、やはり多数を占めるのは本書のテーマであるサラリーマンの方々です。

主な年代は30代から50代です。時には20代の若手実業家さんもいらっしゃいます。年収もそれぞれで、関東や関西の主要都市の方は、比較的に年収が高い方が多く、地方になればそれこそ、年収300万円台の方もご相談にみえます。

様々な職業や年収の方、さらには一人ひとり違う、投資への思いや背景などをお聞きしてベストな答えを出してサポートしていくのが私の今の使命だと思っています。

そんな日々のなか、出会った不動産投資初心者の方から受ける質問のうち役立つ内容をピックアップしたのが、昨年出版した5冊目の著書、『サラリーマン大家さん"1棟目"の教科書』(ごま書房新社)でした。

嬉しいことに、2016年5月の発売以来ご好評いただき、約1年で5刷、1万8千部という不動産投資というニッチなジャンルではたくさんの方に手に取ってもらえました。

しかし、発売から1年以上が経って、状況が随分と変わってきました。不動産投資を行いたい人が増えて、物件が買いにくくなったことは昨年と同様ですが、特筆したいのは融資情勢の変化です。

私が思っている以上に厳しくなっていて、来年は物件価格がかなり下がると予想されます。というのも、これまで不動産投資へ積極的に融資をしていた銀行が閉じはじめたからです。

では、これから不動産投資を始めるにはどうすればよいのか？

その答えとして生まれたのが本書です。

好評だった70の質問を最新状況に修正し、新たに読者の方から質問が多かった10の質問を加え、「最新版」としてリニューアルさせていただきました。これで実質9冊目の著書となります。

結局のところ、これまでのように融資が出るわけではないのですが、私は2つの意味でチャンスだと思います。

なぜなら、まず融資が付かなくなれば、物件価格は必然と下がります。

つまりは物件が安く買えるということです。物件が安く買えれば、それだけでかなり有利です。

また、融資の審査スピードが早い銀行が厳しくなったので、仮に融資審査が遅い銀行に持ち込んでも融資を待てる時間ができたわけです。

今までは審査が早い銀行を使っている投資家が優位でしたが、そうではなくなるのです。つまり、地方銀行・信用金庫を使う地場の投資家にもチャンスが生まれます。安く物件が買えるのと、融資審査が遅い金融機関でも融資の審査を待てるという、この2つのことは非常に大きな変化です。

そして、この条件を上手く利用して物件を買った人は、今までよりも資産が残せます。つまり「この転換期でどう行動するのか？」は非常に大事です。

融資が断られる可能性は増えているので、どんどん買い付け、どんどん融資打診という行動量が問われると思います。

もちろん「買える物件をとにかく買えばいい」というわけではありません。

そのためには知識が必要です。不動産投資は様々なスタンスの方が行っていますし、投資手法も複数あります。また、成功パターンもその方によって違います。

現状ではインターネットには情報が溢れ、書店ではたくさんの書籍が発売されています。まったく違う手法であっても、それぞれが「これが正しい情報です！」といっているように見えます。

どれが自分に向いて、どれが向いていないのか、膨大な情報を精査する目が必要です。

そのために、最低限学ぶべき知識・・・不動産投資の「基本の"き"」を、質疑形式でまとめたのが本書です。


様々な疑問や懸念を一つずつ解決することで、自分の進む道がクリアになり、その後お金持ちへの道もリアルになっていくものです。

その後の人生は、私のようにセミリタイアをして、好きな仕事をしながら自由に生きるのも良いですし、サラリーマン大家さんを続けられてもかまわないと思います。

いずれにせよ、人生のレールが一本道でなく、自分が思い立ったときに新たな分岐点をつくれるようになるのです。

本書はどこから読んでもかまいません。自分が興味のある項目だけ読むのも良いと思います。そして、どの答えについてもお役に立つという自信はあります。

本書がサラリーマンの方への自由への道、お金持ちへの道の「はじめの一歩」の手助けとなれば幸いです。

峯島忠昭

◆目次

はじめに……2

新章 〈失敗回避〉読者さんから問合せの多かった質問 ～失敗しないために知っておくべきこと～

Q1 不動産投資の失敗とは、どうなることをいいますか……20
Q2 ずばり失敗する人とは、どんな人でしょう……22
Q3 失敗しないために気を付けた方がいいことを教えてください……25
Q4 融資が厳しいと言われています。もう不動産投資はできないのでしょうか……26
Q5 融資が出にくくなったエリアはありますか……28
Q6 売却の最新情報を教えてください……30
Q7 失敗しない管理会社の選び方は？……31
Q8 地震保険を有効利用する方法はありますか……33

目次

STEP1 準備・スタート編

第1章 〈不動産投資市況〉いつまでこの不動産投資ブームは続きますか？

Q9 まだ不動産投資は活況ですか……40
Q10 今の市況は、買い時といえますか……41
Q11 今後、マイナス金利はどうなっていくのでしょうか……43
Q12 少子高齢化で賃貸ニーズも減るのではないかと心配です……44
Q13 今後、民泊で不動産投資はできますか……47

第2章 〈投資手法〉不動産投資にはどんな種類がありますか？

Q14 1棟目に購入するならどんな物件を買ったらいいでしょうか？……50
Q15 サラリーマンに向いている手法は？……51

Q16 投資規模はどのように考えますか？……52
Q17 やってはいけない不動産投資とは、どんな投資でしょう……56
Q18 サラリーマンリタイヤを目標とするなら、どのような投資方法が最適ですか……57
STEP1 解説動画……59

STEP2 購入編

第3章 〈物件購入〉不動産投資を始めるには、いくら必要ですか？

Q19 自己資金0（ゼロ）でも物件は買えますか……64
Q20 年収や貯金はどれくらいあればいいでしょうか……68
Q21 物件購入の際、どんな費用がかかりますか（諸費用について）……70
Q22 購入後にかかる費用を教えてください（ランニングコスト、税金など）……71

Q23 家族（配偶者）の理解・協力は必要ですか……74

コラム 不動産投資の現場を知ろう① "物件購入のプロ"からのアドバイス……76

第4章 〈投資指標〉利回りは何％あれば良いのでしょうか

Q24 本当の利回りとは何ですか……78

Q25 利回りはどれくらいあればいいのでしょうか……80

Q26 利回り以外に、知っておくべき指標はありますか……82

Q27 購入する前にどんなシミュレーションを行えばよいでしょうか……84

第5章 〈投資地域〉どんな地域を選んだらいいのですか？

Q28 家から近い場所にこだわってはいけませんか……88

Q29 東京都内で物件を買うことはできるのでしょうか……91
Q30 地方に物件を購入しても良いでしょうか……94
Q31 地方での注意点はありますか……95
Q32 おすすめの地域はありますか……97
Q33 不動産投資をしてはいけない地域はありますか……100

第6章 〈銀行融資〉サラリーマンでも融資を引けますか？

Q34 融資はいくらくらい借りることができますか……102
Q35 融資を受けるためには年収がどれくらいあればいいですか……103
Q36 どんな銀行から借りることができますか……105
Q37 借りるときの注意点はありますか……107
Q38 住宅ローンがあっても借りられますか……108
コラム 不動産投資の現場を知ろう② "銀行融資のプロ" からのアドバイス……110

第7章 〈物件調査・選定〉どんな物件を買ったらいいですか？

Q39 不動産投資には、どのような物件の種類があるのでしょうか……112
Q40 理想の物件とはどのような物件でしょうか？……116
Q41 新築物件と中古物件どちらがいいでしょうか……118
Q42 木造物件とRC物件どちらがいいでしょうか……120
Q43 大規模物件と小規模物件どちらがいいでしょうか……123
Q44 サラリーマン投資家に向いた物件はどんな物件でしょうか……125
Q45 物件を買うときに気を付けることは？……126
Q46 物件を買うときに空室率、建物の状態はどう考えますか……131
STEP2 解説動画……132

STEP3 管理運営・空室対策編

第8章 〈管理運営〉忙しいサラリーマンでも物件の管理はできますか?

Q47 自主管理・委託管理どちらがいいですか …… 136
Q48 管理会社はどんな仕事をしてくれますか …… 136
Q49 入居者からのクレームはどのように対応しますか …… 139
Q50 管理会社を変えたくなったら、どうすればいいでしょうか …… 140
Q51 管理会社にはどんな会社がありますか …… 141
Q52 管理会社の選び方を教えてください …… 144

コラム 不動産投資の現場を知ろう③ "物件管理のプロ" からのアドバイス …… 146

第9章 〈空室対策〉物件の稼働率をあげる方法を教えてください

Q53 入居募集はどのように行いますか……148
Q54 空室が続いた時に打つ手を教えてください……149
Q55 コストをかけずに空室を埋める方法は？……152
Q56 家賃を下げずに空室を埋める方法は？……153
Q57 入居者に長く住んでもらうためにはどうすればいいですか……155

第10章 〈リスク・トラブル〉不動産投資にはどんなリスクがあるのでしょうか？

Q58 空室が続いたらどうしたら良いでしょうか……160
Q59 所有物件で入居者が亡くなったらどうなりますか……161
Q60 不意の出費には何がありますか……162
Q61 急に修繕が発生したときは、どのような対応をしますか……166
Q62 家賃滞納が起きたらどうしたらいいでしょうか（保証会社）……167
Q63 問題入居者がいたらどうすればいいでしょうか……170
STEP3 解説動画……174

STEP 4 売却・拡大編

第11章 〈売却〉出口戦略はどう考えますか？

Q64 売却はどのようなタイミングで行いますか（譲渡税、市況など）……178
Q65 高値で売るにはどうしたらいいでしょうか……180
Q66 瑕疵担保免責という物件を見ますが、これはどういう意味でしょうか……183
Q67 売却時の注意点はなんでしょうか……184
Q68 売却時にかかる費用は何がありますか……186
Q69 築古物件は売却できるのでしょうか……189

第12章 〈規模拡大〉2棟目へ買い進めるための秘訣を教えてください

Q70 2棟目を買うにはどうしたらいいでしょうか……194
Q71 規模拡大に向いている物件はどんな物件ですか……196

Q72 まとめて複数棟買うことはできますか……197
Q73 サラリーマンリタイヤするには何棟くらい物件があればいいでしょうか……199
Q74 規模拡大するためにやってはいけないことを教えてください……200

第13章 〈法人化〉個人と法人ではどちらが有利ですか？

Q75 個人での購入と法人での購入はどちらがいいのでしょうか……206
Q76 個人のメリットはなんでしょうか……207
Q77 法人でのメリットはなんでしょうか……208
Q78 法人にするタイミングはいつでしょうか……211
Q79 法人をつくったら会社にバレませんか……213
Q80 マイナンバー制度で法人をつくったことがバレませんか……218
STEP4 解説動画……222
おわりに……223

新章〈失敗回避〉

読者さんから問合せの多かった質問

～失敗しないために知っておくべきこと～

新章では『サラリーマン大家さん“1棟目の教科書”』に寄せられた質問を中心に解説していきます。大きなテーマとしては「いかに失敗を回避するのか」です。そのほかに、融資・売却の最新情報や物件管理法、災害へのリスクヘッジなども紹介します。

Q1　不動産投資の失敗とは、
　　どうなることをいいますか ／ 20
Q2　ずばり失敗する人とは、どんな人でしょう ／ 22
Q3　失敗しないために
　　気を付けた方がいいことを教えてください ／ 25
Q4　融資が厳しいと言われています。
　　もう不動産投資はできないのでしょうか ／ 26
Q5　融資が出にくくなったエリアはありますか ／ 28
Q6　売却の最新情報を教えてください ／ 30
Q7　失敗しない管理会社の選び方は？ ／ 31
Q8　地震保険を有効利用する方法はありますか ／ 33

Q1 不動産投資の失敗とは、どうなることをいいますか

やはり自分の目的が達成できない投資をしたことが失敗ではないでしょうか。

具体的には、キャッシュフローを出したいのに出ない投資などを指します。べつにキャッシュフローは出なくてもいいと思っている人であれば問題ありません。その考え方で投資をするのも1つの手だと思うのですが、キャッシュフローを出そうとして出なければ、目的が達成できなかったという意味で失敗だと思います。

たとえば、新築の区分所有マンション。高属性の方ほど、業者に新築の区分所有マンションを勧められ、買わされるケースが多くあります。

高属性の方は、所得税率が高いこともあり、「節税できますよ」という言葉に弱いのだと思います。

また、税金の還付金が戻ってくることに、歓喜される方が多いようです。

その他、返済が終われば購入したマンションは資産になるなど、さらに、入居者が退去したら娘を住まわせればよいという感じで、ビジネス感覚とは違う考えで購入されている方がほとんどです。

たとえば、新聞の広告などによく掲載している業者の東京の新築ワンルームマンションですと、だいたい２０００万円前後で購入することになります。


事例でいえば、池袋駅から徒歩3分で、月々の家賃が10万円といった物件です。

ただ、この10万円の家賃というのは、新築物件のプレミアムのついた家賃なのです。新築プレミアム家賃というのは、あくまで新築にだけ通用する相場よりも高い家賃です。誰かが一度でも住めば、プレミアム家賃をとることはできません。

その結果、5年後には、必ず家賃が下がり9万円台になる可能性があります。

さらに10年後になれば、またさらに2万円家賃が下がる可能性が高いという予想ができます。そうして、新築から築浅、そのうち中古の賃貸マンション扱いとなり、入居者が入れ替わるたびに家賃が下げられていくことになります。

対して、銀行からの借入金に対する毎月の返済額は、何年たっても減ることはありません。

結局、固定資産税の支払いなどを含めると、いつかは持ち出しの方が多くなってしまいます。

購入させられて2～3年であれば、月々5千円程度のキャッシュフローを生むのかもしれませんが、5年後、10年後になるとキャッシュフローが赤字となり、持ち出しの方が多くなる可能性は非常に高いのです。

さらに、途中で物件を売却しようと考えても、中古のワンルーム投資マンションの価格は、安くたたかれることが多く、よっぽど不動産市況が活況で高くなっている時でなければ、銀行からの借入残債を上回る価格で売ることは難しいでしょう。

Q2 ずばり失敗する人とは、どんな人でしょう

何も勉強をしていない人です。

最近、第三者のための契約という取り引きをしている業者・・・中間省略を行う業者、業界用語で「三為業者」と言われている不動産業者が、低利回りの物件で高金利の融資を付けて売っているケースが散見されます。

ご存じない方のために説明すれば、中間省略というのは売主Aから不動産業者Bへの売買、不動産業者Bから買主Cへの売買があったときに、本来なら所有権がA→B、B→Cと順次移転していなくてはいけないところを、中間者である不動産業者Bへの移転登記を省略して、売主Aから買主Cへ直接所有権を移転させることをさします（詳しくは次ページの図をご覧ください）。

中間省略を行えば、登録免許税が登記2回分必要になるところを、1回で済ますことができますので、業者にとっては経費削減となり手間もかかりません。

何より、中間省略をする際に多額の利益を乗せることができます。Aから5000万円で買った物件を、Cに売却する際に、3000万円を乗せて、8000万円で売ることもできます。

中間省略の仕組み

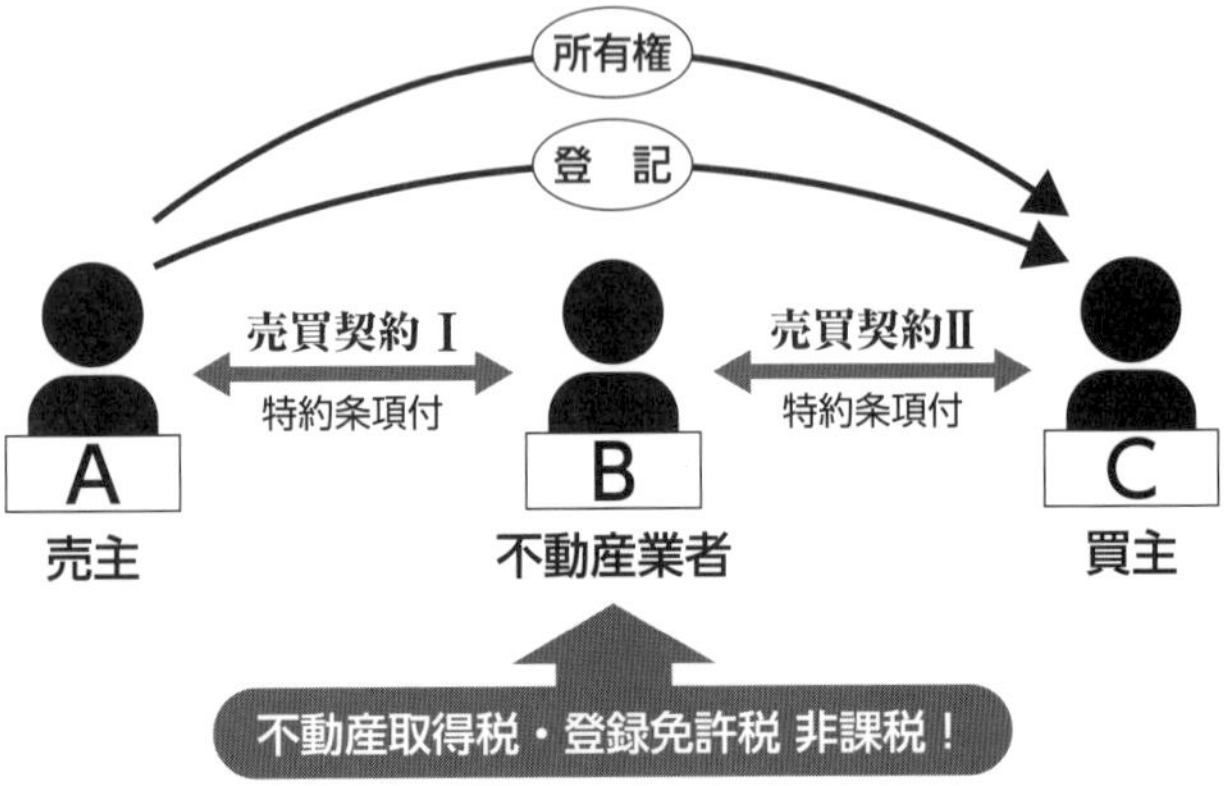

今は新築ワンルーム上がりの業者など、それこそ他業種からも入ってきて、不動産投資に詳しくない業者が三為を、つまり中間省略を行っています。

どのような物件を売っているのか定かではありませんが、投資家が儲かる物件ではなく、自分たちが儲かる物件を売っています。都市部に限らず、おそらく地方でも行われています。

その結果、失敗する人が増えています。

勉強をしないまま低利回りの物件を、業者から言われるがまま高金利で買ってしまうのです。明らかに利回りが低く、利益が少ないにも関わらず騙されてしまうのは本も読まず、何1つ知識を入れていないからでしょう。

中間省略で売られている物件は100%悪い物件ではないとは思います。中にはしっかり利益が出る物件を売っている業者もあります。そこを見破れるかどうかは、やはり勉強をして知識を得ているかでしょう。

Q3 失敗しないために気を付けた方がいいことを教えてください

くり返しになりますが、しっかりと知識を得て自分で判断ができるようにならなければいけません。そして業者と良好な関係を築くことも大事です。

たとえば、Aさん・Bさんという同じレベルの知識と属性の人がいて、Aさんのほうが業者と関係も良好であれば、「やはり最初にAさんへ物件を回そう」となります。

ですから、良質な情報が得るようなパイプづくりをするためにも、自分で知識をつけて、まともな業者と、まともに渡り合えるように、カモにされないように勉強をしなければいけません。

その上で業者とも仲よくして、良質な情報が入ってくるパイプづくりを行います。

Q4 融資が厳しいと言われています。もう不動産投資はできないのでしょうか

今年の春から情勢が変わり、融資が厳しくなっています。こういった話を受けて、「もう不動産投資はできないのですか?」という質問もいただいています。

これは属性にもよりますが、人によってはまだまだ不動産投資はできます。

普通に働いていて、年収が最低でも500万円以上あれば、どこかしらの銀行は使える可能性があるからです。

では、何が変わってきているのか?

それは買える金額と買える物件が少なくなっています。数年前なら年収500万円

の人であれば、1億円の融資が付いていた時もあったわけです。

しかし、今は現実的に年収500万円の人であれば、頑張って融資を付けても5000万円が限度だと思います。

それから、融資を出す金融機関の融資エリアが狭くなり、評価が出る物件も少なくなっています。

ちょっと前であれば、評価が出ていた物件でも、融資エリアを絞っている金融機関があるので、評価が出ない物件になったりしています。

そのため、融資が付く物件が少なくなっている・・・ということで、買える物件が少なくなっているのです。


結局のところ、融資が厳しくなったと言っても、全く融資が付かなくなったわけではなく、買える物件の金額が低くなったり、買える物件の数が少なくなっているのが現状です。

また、今まで融資を積極的に出していた金融機関が、まったく融資を出さなくなった・・・という事例もあるので、そういう金融機関が増えてくるともっと買える人や買える物件が少なくなってしまう可能性があります。

私見をいえば、厳しくなっているのは、昨年までかなり不動産に積極的に融資をしていた金融機関が主で、そこまで出していない金融機関ではさほどの変化はありません。「まだまだ不動産投資はできるな！」という風に感じています。

Q5 融資が出にくくなったエリアはありますか

最新の情報でいえば、投資家の居住地にもよりますが、札幌を含む北海道では融資に積極的な地方銀行をはじめ、メガバンクも融資を厳しく見るようになりました。

北海道は比較的に年収が低くても信金が融資を出すエリアなので、地元の人であれば、首都圏からの投資家が減った分、物件価格が下がり、利回りが上がって買いやすくなっています。

基本的には、東京の投資家が地方で融資を受ける際のハードルが上がっているように感じます。しかし地元の投資家であれば問題ありません。むしろ有利です。

これが一都三県で考えると、とりわけ都内の物件に積極的なS信金があります。それも融資期間は長くて30年、40年と場合によっては50年も出しますから、そうすると利回りは低下しますが、キャッシュフローは出やすいという状況です。

関東近郊でいえば、やはり融資に積極的だった地銀が厳しくなりましたが、代わりに別の地方銀行がいくつか出るようになりました。

それらの地方銀行の特徴は、銀行として出やすくなったわけでなく、「支店によって出る」というケースが多く、支店間格差を感じます。

全体的には厳しくなっている印象はありますが、どの金融機関からもまったく出ないと言われていた名古屋の物件が、某信託銀行から出たケースもあります。

ですから、融資に関して言えば、「○○（地名）はもう出なくなった・・・」と諦めるのではなく、打診をする姿勢も大切です。思ってもいない銀行の、思ってもいない支店で出ることがありますから。

Q6 売却の最新情報を教えてください

数年前に買っている人であれば、売却益を得られる可能性はあります。

購入時期でいえば、２００９年のリーマンショックの直後、それから２０１１年の東日本大震災の直後に買っている人たちです。

今のタイミングで一度、キャッシュに変えてから、次の展開を考えるのも手ではないでしょうか。

キャピタルゲインを得たら、それを見せ金にして融資を受けていく考え方もあります。とくに今後に融資が引き締まったときに見せ金があれば、それが有効に使える可能性があります。

極端な話でいえば、借入れ額相当のキャッシュを持っていれば、融資が締まったときでも物件を買えるわけですから、これはすごく推奨できるやり方です。

たとえ、そこまで融資が締まらなくても、お金があればあるほど融資には有利に働きます。

ですから物件を売って売却益が出るのなら、キャッシュをつくって金融機関へアピールしていくというのはおすすめのやり方です。

それにより1物件だけではなく、2物件も3物件も買えるなら規模拡大のチャンスにもなります。売却とは、そのような考え方もできるのです。

売却についての基本的なことは、第11章〈売却〉に詳しくありますので、ご覧ください。

Q7 失敗しない管理会社の選び方は？

前提として、空室をしっかり埋められる管理会社でなくてはいけません。

オーナーチェンジ物件の場合は、前のオーナーが全く手を入れておらずボロボロの場合もあれば、例えば高齢者の大家さんで全く入居付けをしていない場合もあり、投資家が買ったときの状態は、本当に海のものとも山のものともつかないことが多いです。

満室の物件であればいいですが、多少であっても空室があれば、しっかりと埋めていく作業を行わなくてはいけません。

そのため管理会社を選ぶときは、どのように空室対策を行うのか、また、実際に稼働率はどれくらいなのか確認した方がいいでしょう。

ちなみに私が経営する管理会社の入居率は90％以上です。3年前にはじめた当初は、80％台でしたが、それは当社の名前がエリアに浸透するまで多少の時間がかかったからです。今はお付き合いする仲介業者も増えて決まりやすくなりました。

現在の管理戸数は1600戸で、月にして100戸くらい伸びています。もうすぐ2000戸になる見通しです。

管理、空室対策、リフォームについては第8章～第10章でより詳しく解説しています。

Q8 地震保険を有効利用する方法はありますか

日本は地震の多い国とされ、気象庁の調べでは、ほぼ毎日、震度1以上の地震が日本のどこかで起こっているそうです。

もしも大地震がおこり、津波などの自然災害に直面すると、甚大な被害を受けることがあります。そうなったときには、保険などの制度により対応していくしかありません。

そもそも火災保険と地震保険は仕組みが違います。火災保険は火災だけでなく、災害や盗難、急に車が建物にぶつかった・・・など、不意の事故など幅広く対応しており、各損保会社によって契約の内容や補償額も様々です。

対して、地震保険については、損保会社と国（政府）が、共同で運営しているシステムで、地震保険制度は、「地震保険に関する法律（地震保険法）」に基づいた、政府と損害保険会社が共同運営する公共性の高い保険です。

そのため火災保険とは違って、契約の期間や内容はどの損保会社から申込んでも同じで、基本的には火災保険の補償額の50％までと決まっています。

この地震保険ですが、ただリスクヘッジするだけではなく、有効に使えるコンサルの活動を積極的に進めていくことにしています。

仮に5億円分の地震保険を掛けていたら、一部損の判定を受けたとしても、２５００万円の地震保険がおります。５０００万円分の地震保険でも、２５０万円がおります。

つまり申請によって、数百万円から数千万円受け取れる・・・というのが地震保険なのです。

しかし、地震被害の判定は火災保険とは違います。保険会社は地震保険の対象になる物件で申請があると、対象物件の調査をします。この調査で、「地震で損害を受けた」と判定されることが重要です。

私の知るコンサル会社は、各社の地震保険に対応したノウハウを持ち保険会社側と交渉をしてくれます。

地震保険の損害区分

改正前		改正後（2017年1月より）	
損害の程度	支払われる保険金額	損害の程度	支払われる保険金額
全　損	建物の地震保険金額の100%	全　損	建物の地震保険金額の100%
半　損	同 50%	大半損	同 60%
		小半損	同 30%
一部損	同 5%	一部損	同 5%

長く保有していて地震保険にずっと加入している物件はかなり当てはまってきます。

特に関東地方にある物件で、東日本大震災より前から保有しているのであれば、高確率で申請の対象になります。

現在、関東圏が対応エリアですが、地方でもまとまった棟数があれば、コンサル会社が対応できるケースもあります。

ちなみに「詐欺じゃないですか？」と聞かれることもよくあるそうですが、これは合法です。本来、申請できる権利を行使するだけで、正当な申請をしています。

STEP1
準備・
スタート編

まずSTEP1〈準備・スタート編〉では、「サラリーマン大家さんをはじめるために必要な知識」を身に付けるために役立つQ&Aをご紹介していきます。

◆第1章「いつまでこの不動産投資ブームは続きますか?」
◆第2章「不動産投資にはどんな種類がありますか?」

第1章では、日々耳にするニュースや新聞の経済面、ビジネス雑誌で最近話題に取り上げられている内容です。これを知ることにより、不動産業界の動向、将来的な展望、最新の不動産投資ジャンルを把握できます。

第2章では、自分がどのようなサラリーマン大家さんになるかの指針づくりです。どんな種類の物件があるのか、どのような手法があるのか、サラリーマン投資家に向いている物件はどんな物件なのかを知ってください。

第1章
〈不動産投資市況〉

いつまで
この不動産投資ブームは
続きますか？

Q9　まだ不動産投資は活況ですか ／ 40
Q10　今の市況は、買い時といえますか ／ 41
Q11　今後、マイナス金利は
どうなっていくのでしょうか ／ 43
Q12　少子高齢化で賃貸ニーズも
減るのではないかと心配です ／ 44
Q13　今後、民泊で不動産投資はできますか ／ 47

Q9 まだ不動産投資は活況ですか

そもそも、どうして不動産投資ブームがはじまったのかを解説すれば、よく言われる、東京オリンピックまでなどではなく、金融緩和と銀行の不動産に対する積極的な融資の姿勢が大きな理由となっています。

振り返れば、アベノミクスが始まったころから、銀行の貸出が積極的になり、不動産の市況がよくなってきました。

具体的にお話しますと、それまでも、某地銀や大手リース会社は、不動産融資に積極的でしたが、アベノミクスが始まったころから、これ以外の信金や地銀で、積極的に不動産融資を始めるところが増えてきました。

おそらく、金融監督庁から、融資残高を増やすように言われたのでしょう。

先発して不動産融資に積極的だった某地銀も、融資対象のエリアを拡げたり、後発組の都銀や地銀は金利を安くしたり、競って不動産融資をはじめるようになりました。

銀行が競って融資を増やそうとしたため、融資付けが以前よりも楽になりましたし、年を追うごとに貸出金額や金利などの条件がよくなってきたのです。

以上のような理由から、不動産投資ブームが生まれましたが、今年に入って状況は変わりました。

新章で「融資が厳しくなってきた」と述べましたが、今年の春以来、金融庁の指導により、融資に対して積極的な姿勢をとっていた金融機関が徐々に締めはじめています。まだ物件そのものは動いているのですが、少なくとも本書の初版を出したころよりも厳しくなっています。

そうとはいえ、まだまだ出している金融機関もあります。そのため、今なお不動産投資は活況といえるでしょう。

Q10 今の市況は、買い時といえますか

前項で不動産投資の市況を解説しました。融資が厳しくなったとはいえ、今なお不

動産投資ブームが続いています。

この状態がいつまで続くのかといえば、これは誰にもわかりません。

基本的には不動産投資を行う人（＝収益不動産を買う人）が増えれば、物件の価格も上がり良い物件には人が殺到するので買いにくくなります。

このような状態だと、初心者は「今買ってしまうと高値掴みをしてしまうのではないか？」と危惧されます。

それは正しい考え方だと思いますが、そのまま様子見するのはおすすめできません。

私は買えるチャンスを逃さず、不動産投資をスタートさせるべきだと考えます（もちろん、物件の選定をしっかり行う必要はあります）。

煽るつもりはありませんが、今のうちに買っておかないと、そのうち買えなくなるのではないでしょうか。

今後さらに厳しくなれば、とくに融資を使って買っていこうとする人にとっては冬の時代になりそうです。

逆に買える人が減るということは利回りが上がるので、高利回り物件が買える環境にある人・・・お金をものすごく持っていて、高年収の人は有利になる可能性もあります。

あるいは既に銀行との取引実績があり信頼を置かれている人も買えるでしょう。逆に資金のない人、低属性の人、実績がない人はますます買いにくくなっていくと考えられます。

Q11 今後、マイナス金利はどうなっていくのでしょうか

ご存じの方も多いと思いますが、「マイナス金利」とは通常、私たちが銀行に預金をすると利子がつくところ、マイナスの金利になることです。

つまり、預金をしている分の利子を、逆に銀行へ払わなければならなくなります。

ただし2016年2月以降続く「マイナス金利」は、日本銀行と各金融機関における金利の話であって、我々が利用する銀行の預金利子がただちにマイナスになるわけではありません。

このマイナス金利政策により、各金融機関が融資に積極的となり、その貸し先として不動産投資があるのです。

また、アパートローンの金利も、これまでずっと低金利が続いていましたが、ここにきて上昇傾向が見られます。

しかし、金利が一気に急上昇することは考えづらいです。たとえ上がるにしても徐々に上がるでしょうし、もちろんそれがいつまで続くのかは誰にも分かりません。

今はまだ金利が低いので、とにかく少しでも早く物件を買ってキャッシュフローを出しておいた人が勝ちます。また、金利が上がってくると利回りも上がるでしょうが、前の質問の返答にあるように物件は買いにくくなります。

Q12 少子高齢化で賃貸ニーズも減るのではないかと心配です

少子高齢化により、日本はどんどん人口が減っています。

将来的に人口が減少していくことと、少子高齢化により若者の数が減っていくことから、賃貸経営に影響はないのかと不安に思われる方もいらっしゃると思います。

現在の日本経済の状況から考えたところ、今後は二極化が進むのではないかと予測します。

人口が減少に向かって少子高齢化が進むにしても、日本全体でみれば、人口が減っていくところもあれば、逆に増えていくところもあると思うのです。

東京などの大都市圏エリアは、これからも人口の流入が続くと思います。

興味深いデータを見つけました。2017年8月に発表された「人口増減率ランキング2017――全国TOP50・人口規模・都道府県別」（日経BP総研 社会インフラ研究所＋新・公民連携最前線　調査企画）によれば、全国TOP50には、東京、千葉、埼玉、神奈川といった首都圏や大阪、名古屋、福岡といった大都市圏だけでなく、人口605人の知夫村（島根県）や同719人の十島村（鹿児島県）など、人口1万人未満の7団体がランクインしています。

このランキングは「人口増減数」ではなく「増減率」を基に順位づけしているのが

特徴で、人口が増えている比較的規模の小さい自治体を把握できます。こうしてみると、その都市の人口増減率で考えれば、都会も田舎もそこまで関係ないということです。

もちろん、人口が増えているからといって、どこでもいいのかと言うと、そうではありません。そこにお住まいになっている方であればよくご存知だと思いますが、同じ県内でも賃貸ニーズのあるエリアは絞られてくるものです。人口が減少している地域であっても、全ての地域がダメというわけではありません。

マイナーな地方は融資付が難しい分だけ収益性は高くなりますから、地方銀行や信用金庫などを上手に利用して、そういった地方の高利回り物件を中心に買っている投資家さんもいらっしゃいます。ですから、必ずしも地方だから悪いというわけではないですし、反対に東京の物件なら大丈夫ということでもないのです。

たとえ首都圏で物件を購入したとしても、近隣にライバル物件が多く競合状態が激しい地域だと経営は厳しくなります。競合に敗れて、賃貸事業から撤退される大家さんもいらっしゃいます。

結局のところ、不動産投資といえども事業ですので、どの地域のどの物件なら成功するのかをしっかりリサーチし、そして、賃貸経営のノウハウをしっかり学んで実践していかなければならないのだと思います。

Q13

今後、民泊で不動産投資はできますか

民泊（みんぱく）とは、旅行者などが一般の民家に宿泊することを意味します。インターネット上で、ホスト（貸し手）とゲスト（借り手）の間のプラットホームを提供する企業『Airbnb（エアビーアンドビー）』が注目されて、日本でも外国人旅行客を相手に民泊を行う個人も増えてきました。

日本政府は、Airbnbなどの仲介サイトを通じて反復継続して有償で部屋を提供する場合、旅館業法など何らかの許可が必要との見解を示していましたが、これまで法整備が遅れていました。しかし、ようやく民泊は合法の方向で、法律改正などの整備が進められています。

現状で合法で民泊が行えるのは「簡易宿所」と「特区民泊」で、来年には「民泊新法」が施行されます。

・簡易宿所　旅館業の1つである簡易宿所の営業許可を得る民泊、日本全国で可能

・特区民泊　国で定められた国家戦略特区において、行政の条例による認定を受ける民泊
・民泊新法　２０１７年3月に閣議決定された「住宅宿泊事業法案（民泊新法）」に基づく民泊

大家さんの中には、最初から旅館業法の許可を取得して「簡易宿所」で運営している人も増えていますし、合法の民泊物件を投資家へ売っている業者もいるようです。すなわち法に触れないような合法化が進んでいるのです。

そうなると法律で定められたルールに合わせた物件をつくらなければいけません。新築はもとより、中古物件にしてもコストがかかるため、これまでのようにゲリラ的に民泊をやってきたときほど旨みは得られないと思います。

とくにこれまで主流だった、借りた物件を民泊で運用する「転貸」という投資法は難しくなると想像します。これまでのようにゲリラ的な運営が中心よりも、今後は合法的なビジネスが中心になってくるということです。

これは私的な考えですが、ホテルもたくさん建っているので、これからどんどん競争が激しくなるのではないでしょうか。ですから需要と供給の関係で、以前のように旨みはなくなるのではないかと思います。

第2章〈投資手法〉

不動産投資には どんな種類がありますか？

Q14　1棟目に購入するなら
　　　どんな物件を買ったらいいでしょうか？ ／ 50
Q15　サラリーマンに向いている手法は？ ／ 51
Q16　投資規模はどのように考えますか？ ／ 52
Q17　やってはいけない不動産投資とは、
　　　どんな投資でしょう ／ 56
Q18　サラリーマンリタイヤを目標とするなら、
　　　どのような投資方法が最適ですか ／ 57

Q14 1棟目に購入するなら どんな物件を買ったらいいでしょうか？

1棟だけ購入することが目的でなく、複数棟を買い進めるつもりであれば、1棟目は自己資金をより多く残せる物件が良いでしょう。

自己資金が残せる物件がどんな物件なのかは、その投資家の資産背景や属性にもよります。年収・勤続先・年齢など総合的に判断されます。

また、ポイントとなるのは自己資金です。

たとえば、自己資金300万円の人だったら、地方の築古一戸建てを現金購入できますが、それを買って現金がゼロになってしまっては次がありません。

それならば、なるべく自己資金を温存しつつ、レバレッジを効かせて行く方が次に繋がります。

このように買い進める意味でも現金は大切ですが、不動産投資は賃貸経営です。いくら試算をしても、想定外のトラブルで不意の出費が必要となる可能性も高いのです。そういったときに現金を持っていることで対処できます。

つまり、規模拡大はもちろん、リスク軽減のためにも現金を持っていることがすごく大事です。

Q15 サラリーマンに向いている手法は？

基本的に、サラリーマンの方には、手間のかからない投資手法をお勧めしています。

サラリーマンは本業がありますので、たとえば木造であれば、築浅や新築の物件です。木造でも築10年以内であれば、手間もかからずいいと思います。

RC造とS造で、築25年～30年までの物件であれば、物件の管理が良ければ大きな修繕は必要なく、最小限の毎年のメンテナンスで管理運営が可能です。手間であればメンテナンスを管理会社に任せるという方法もとれます。

やはり、サラリーマンの方であれば、手間のかからない物件であることが重要だと思います。

Q16 投資規模はどのように考えますか？

またサラリーマンの方は、家庭があったり子どもがいたりするので、そんなに自己資金は使いたくないと思うのです。できれば自己資金をなるべくおさえた融資が組める物件のほうが手元に資金を残しておけるので、将来何かあったときに安心です。

以上によりお勧めは、やはりＲＣ造・Ｓ造マンションもしくは新築築浅アパートの一棟物件ということになります。返済期間を長くとれ、月々のキャッシュフローが増えて有利になるからです。

投資規模については、それぞれお客様個人のスタンスや考え方によります。

融資を使って不動産投資で買い進むとなれば、車のローンや住宅ローンなどと違い、かなり高額な金額です。

たとえば、「私は1億円程度の物件を慎重に選びながら時間をかけて5億円まで増やしたい」という方がいらっしゃれば、「俺は、5回に分けて買うなんてめんどくさいので5億円の物件を一気に買いたい」というお客様もいらっしゃいます。

また、固い職業の方で、たとえば公務員のような方ですと、「自分たちの属性だと、5000万円くらいからはじめたい」というお客様もいらっしゃいます。

それぞれのお客様には、借入れに対する心理的バリアのようなものがあり、それにより、スタンスが違ってくるのだと思います。

個人的に投資規模は、いくらであっても構わないとは思いますが、だいたい平均しますと、物件金額の2%前後がキャッシュフローとして手元に残れば合格なのではないでしょうか。

つまり、5000万円の物件では年間で100万円以上のお金が、キャッシュフローとして手元に残ることになります。

つまり、月10万円前後ということになります。

果たして、月10万円前後のキャッシュフローが、お客様の生活を安定化させることができるのかということです。

あとは、スケールメリットも考えてみる必要があります。たとえば、神奈川県で5000万円の新築物件があったとします。

世帯数は6部屋程度で、その場合、3月、4月とかの入居者が入れ替わる時期であれば、2部屋が同時に空室になるというケースは、普通にあると思うのです。

6部屋で2部屋空室になるということは、空室率にすると33・3%となります。

これは、大家さんにとっては、かなり厳しい状況だと思います。6部屋の物件ですと、1部屋空室になっただけでも、空室率は16%強となってしまいます。

これが、100部屋ある物件ですとどうなるのでしょうか?

100部屋ある物件で、空室率17%というと、17部屋が同時に空室になるということです。これは、あまりない話だと思うのです。このように賃貸経営を安定化させるという意味では、小規模な物件よりは、部屋数の多い物件の方が有利だと思います。

また、物件にオートロックやインターネット無料サービスなどを導入するにしても、6部屋の物件よりは、100部屋の物件の方がスケールメリットでコストが有利になることが多いです。

また、費用対効果という面でも、一部屋あたりの月々の家賃収入に対するコスト負担も少なくてすみます。くわえて「とにかく安ければよい」というスタンスで物件を購入すると、その物件に入居される入居者の属性が悪くなり、後からいろいろなトラブルに悩まされることが多いということも注意しないといけません。

たとえば、一部屋の平均家賃が1万5000円以下の物件となれば、家賃の滞納などは頻繁に発生する可能性が高くなります。

入居者のミスによる水漏れや、騒音などによる住民同士のトラブル、さらに夜逃げなど、様々な事件が頻繁に起こる可能性が高いです。

不動産投資も、事業です。費用対効果をしっかり考えながら、投資する物件の適正規模を考えていく必要があると思います。

Q17 やってはいけない不動産投資とは、どんな投資でしょう

サラリーマンがやってはいけない不動産投資は、利益の出ない新築区分所有マンションを購入することです。

新章でも述べましたが、新築のワンルームマンションはインカムが出にくい投資です。もし買うのであれば、まず投資目的を明確にすることです。

キャピタルゲインを狙うのであれば、5年後、10年後に値上がりするのかどうかを過去の事例でチェックすればいいでしょう。

もちろん、上がっているエリアもありますし、人によっては相続税対策などの理由で区分所有マンションの方が向いているという方もいらっしゃいます。まず、ご自身がどの立ち位置にいるのかを認識することが大切です。そうなると、多くの人がキャピタルゲイン狙いの投資は無理だということがわかると思います。

話は変わりますが、1棟物の物件を購入される際に関して、新築ワンルームを持っている人を銀行はどう見るのでしょうか？　こういった物件を抱えていると、将来、条件のよい一棟売りの物件を購入するチャンスに遭遇したとき、銀行に厳しく個人の資産査定をされ、マイナス評価をされる可能性があることを、知っておく必要があるでしょう。

場合によっては、債務超過の認定をされ、融資を断られることもあります。

株式投資と同じで、個人にとって損切りをするのはつらいものです。

まずは、そのような物件を購入しないこと。そして、買わされた場合は、相場を見ながら早めに処分することをお勧めしています。

Q18 サラリーマンリタイヤを目標とするなら、どのような投資方法が最適ですか

まずはサラリーマンをリタイヤするにあたって、どれくらいの家賃収入が欲しいの

かが大事です。

ほとんどの方が、「今の年収くらいのキャッシュフローは欲しい」とおっしゃいます。たとえば年収が800万円あったサラリーマンの方なら、不動産収入で、800万円ほしいとおっしゃるわけです。実際のところ、現在の融資状況でいえば、それだけのキャッシュフローを得ることは、さして難しいことではありません。

いずれにしても問題となるのは、サラリーマンをしている時に、その個人の属性で銀行から融資を引き出せたとしても、サラリーマンをリタイヤした途端に融資が出なくなってしまうことです。

私の考えとしては、サラリーマンをやめるつもりであるのなら、早めに資産管理会社などの法人を設立しましょう。そして、法人名義で銀行借入をして物件購入をして、返済実績を積み上げておいた方がよいということです。

すでに法人で買い進めている投資家のケースでいえば、3期分の決算が終わっている人は、その法人の実績で買えています。さらに実績を積んでいけば、より借りやすくなっていくことが予測できます。

法人の実績で物件を購入できるようになってくると、サラリーマンを辞めてからでも融資を受けられることができるでしょう。

STEP1　解説動画

STEP1のまとめを
著者の峯島忠昭より動画で
わかりやすく解説します。

⇩

http://mnsm.jp/newkyoukasyo1

スマホからは
QRコードで！

STEP2
購入編

続いて、STEP2〈購入編〉では、実際に物件を購入するにおいて、知っておきたい基本的なことを解説しています。

◆第3章「不動産投資を始めるには、いくら必要ですか?」

◆第4章「利回りは何%あれば良いのでしょうか」

◆第5章「どんな地域を選んだらいいのですか?」

◆第6章「サラリーマンでも融資を引けますか?」

◆第7章「どんな物件を買ったらいいですか?」

第3章では、投資をはじめるにあたって必要な自己資金について。第4章は投資指標、第5章は購入する投資地域の選び方について、第6章では不動産投資には欠かせない、銀行融資の基本がテーマです。そして、第7章では、具体的な物件選定の仕方を解説しています。

ここの部分がもっともと難しいイメージがありますが、わかりやすく具体的に説明していますので、ぜひ、しっかり理解していただきたいと思います。

第3章〈物件購入〉

不動産投資を始めるには、いくらいくら必要ですか？

Q19　自己資金0（ゼロ）でも物件は買えますか ／ 64
Q20　年収や貯金は
どれくらいあればいいでしょうか ／ 68
Q21　物件購入の際、どんな費用がかかりますか
（諸費用について） ／ 70
Q22　購入後にかかる費用を教えてください
（ランニングコスト、税金など） ／ 71
Q23　家族（配偶者）の理解・協力は必要ですか ／ 74

Q19 自己資金0（ゼロ）でも物件は買えますか

職種や勤め先や勤続年数、さらに年収がいくらあるといった属性によりますが、自己資金ゼロの人でも、銀行から融資を受け、購入された方は全くいないわけではありません。

もちろん、全ての方ではないですし、どこの銀行に申し込みをしたかにもよりますが、実際に自己資金ゼロの人でも借りた実績はあります。

サラリーマン投資家が不動産投資をはじめるために、銀行融資を受けたいと考えたとき、属性が注目されます。

属性をわかりやすく説明しますと、貸す立場の銀行側からみて借入申込みをしてきた人が、どれだけ返済能力があるのかを判断するための基準のようなものです。

銀行側が、「この人は返済能力がある」と判断すれば、融資する金額も多くなりますし、また自己資金0といった人でも、貸し出すことがあるわけです。

では、この属性とは具体的には何なのかということですが、二つあります。

一つは、借りる人の職種と年収です。

多くの銀行の場合、勤続年数が長く安定的に毎月給料が入ってくるサラリーマンの方が、融資を受けやすいです。

この「安定的に」という言葉がキーワードで、たとえば公務員の方とか、大手上場企業の社員であれば、銀行側の評価は高く、融資も出やすくなります。

たとえば、勤続年数が同じで、年収６００万円の公務員の方と年収８００万円の中小企業の社員の方でしたら、年収が低くても、公務員の方が融資金額が多く出やすいと思います。

さらに、サラリーマンとは違い、収入が安定していない個人事業主の方や中小企業の経営者になりますと、審査が厳しくなり、融資決定まで時間がかかることも多いです。

三期分の決算書、または確定申告を要求されますので、おそらく「3年以上は事業を継続しているか?」ということと、経営状況を詳しく審査しているのだと思います。

提出した決算書、または確定申告に一期でも赤字や繰越損失があると、融資が難航することも多いですが、金融機関は純資産を非常に重視しますので、減価償却などで赤になっていたとしても、純資産が多ければしっかり評価してくれます。

また、長年勤めていた会社をやめて専業大家になられた方などは、極めて融資が難しいです。

そういう意味で、サラリーマンをやめる前に、サラリーマン時代の属性を利用し、銀行から融資を引出して物件購入したあと、専業大家になるのがよいと思います。

属性の二つ目ですが、これは個人の資産背景になります。

銀行の立場から考えますと、もしも賃貸経営が破綻し、当該物件を売却して返済に充てたとしても、残債が残ることは考えられます。

その場合、金融資産を多く持つ人であれば、それで返済してもらうことができるので、とても重要な審査基準となります。一億円持っている人には、一億円貸すのです。

金融資産の種類でいえば、やはり現預金の評価が一番高いでしょう。流動性の高い有価証券、外貨建て金融資産という順で評価が高いようです。保険の解約返戻金は、私の経験からして、あまり評価してもらえないように思います。もちろん、預金や有価証券といった金融資産だけでなく、不動産などの資産も評価されます。

担保余力のある不動産を所有していれば、それを共同担保などに差し入れることにより、購入物件の金額以上に融資してくれることもできます。

先ほどの中小企業の経営者の場合だと、景気や事業の競合状況によって業績が大きく変化し、年収も上下します。ですから年収よりも、「どれだけ個人資産を蓄えてきたか」を重視する銀行が多いようです。

また、本人は個人資産がなくても、奥さんに多額の資産があれば、連帯保証人にすることで合算して評価をしてくれます。その場合、当然、融資は有利になります。ただし、その資産背景を利用するということは、奥さんの協力がなければできません。

奥さんの不動産に対する知識と理解が前提条件となりますので、、不動産投資について、あまり理解していないようであれば私としてはお勧めしていません。

Q20 年収や貯金はどれくらいあればいいでしょうか

それは多いほど有利になります。

ただし、先ほど属性のところでも話したように、その年収が毎年、安定して得られるかどうかが、ポイントとなります。

ですから、公務員や優良上場企業の社員ほど有利になるのです。

金額については、融資を使って買い進めたいと考えた場合に、最低でも年収500万円はほしいところです。

やはり年収500万円以下の人ですと、生活するためだけの必要経費で目いっぱいで、返済余力という点では厳しいと思います。

実際のところ、返済余力の乏しい人が、1億円や2億円の物件を借入金で買えるのかと言えば、銀行から見てもなかなか厳しいと判断します。

たとえ空室がたくさん出たとしても、月々の返済を自分の月収から穴埋めできるだけの体力が必要となります。ですから年収の高い人の方が有利であることに間違いありません。

これは貯金についても同様です。空室が出て、月々の返済計画に狂いが生じたとしても、貯金で穴埋めできれば、何か月かは払い続けることができます。

これを銀行側は「返済体力がある」と評価しているわけです。ですから、貯金が多い人の方が、銀行からの融資も有利になると思います。

相対的に、年齢が高い人ほど金融資産などの貯えはたくさん持っていることになります。だから若い人よりも融資が有利になるのかと言えば、そうでもないようです。

銀行側としては、現在の年齢や年収、勤続年数、これから働き続けることができる年数などもバランスよく審査して、融資額を決定しているようです。

また貯金が数百万円程度でも、融資を受けたお客様はいらっしゃいます。資産が多い、少ないだけが絶対条件ではありません。あくまでもプラス材料として見ているのだと思います。

Q21 物件購入の際、どんな費用がかかりますか（諸費用について）

物件を購入する際、購入価格以外にいろいろと費用がかかります。

まずは不動産取得税であるとか、司法書士に支払う登記費用、それと我々に支払っていただく不動産仲介手数料の他にも、火災保険といった費用がかかってきます。

その他、細かいところですと、売買契約書に貼る収入印紙代や銀行との契約に必要な印紙代、さらには振り込み手数料などが必要となります。

これらを含めると、だいたい物件価格の

購入時の諸費用一覧リスト

物件購入代金	土地・建物の代金
仲介手数料	不動産会社に支払う仲介手数料は、契約時と引き渡し時にわけて支払い
印紙税	媒介契約書に貼る収入印紙
融資事務手数料	金融機関へ支払う手数料（金融機関による）
ローン保証料	保証会社を利用する際の費用（金融機関による）
団体信用生命保険料	個人での購入時に必要（金融機関による）
火災保険料・地震保険料	建物にかける保険料。
司法書士報酬	登記手続きを依頼する司法書士への報酬
登録免許税	登記の際にかかる税金
固定資産税・都市計画税の清算金	引き渡し日以降の分を日割り計算
不動産取得税	登記後数ヶ月に支払う地方税

8%程度の諸費用がかかってきます。

物件購入後も予測外の出費がかかることもあります。できるだけ手元に資金を確保しておくことでリスクヘッジになります。そのため、極力購入時は手持ち資金を抑えた形でのファイナンスアレンジを推奨しております。

Q22 購入後にかかる費用を教えてください（ランニングコスト、税金など）

物件購入後にかかる費用についてお話したいと思います。収益物件は、安定した賃貸収入を得るため、建物の修繕などメンテナンスを計画的に行う必要があります。

たとえば、外壁塗装や屋上防水などを建物購入した5年後、10年後に行うとなると、建物の規模にもよりますが、500万円~1500万円ほど費用がかかります。

これらの費用は、賃貸収入のキャッシュフローの中から払ってもいいですし、自分の手持ち資金から払ってもかまいません。また、借入している銀行からリフォーム資金として、融資を申し込むことも可能です。

これらのリフォーム資金であれば、基本的に銀行も融資に応じてくれるはずです。必要資金の全額を融資してくれるかどうかは、銀行側の事情や借りる側の現況にもよりますが、中には、「半分は自己資金で出してください」という銀行もあります。そのため、ある程度はキャッシュフローの中から、将来のリフォームのためにプールすることも考えておくべきでしょう。

また、リフォームをしていない中古物件を購入するケースもあります。「どうしてもリフォームをしなければ空室を埋めることができない！」と最初からわかっている場合には、物件購入費用にリフォーム費用も含めて融資を申し込むケースもあります。

こうしたケースでは、工事業者からのリフォームの見積書を添えて申し込みをすれば、銀行側も前向きに応じてくれるケースもあります。

物件購入後、すぐにリフォームを行う必要がある場合は、物件購入資金とリフォーム資金を別々に申し込むのではなく、一括して申し込んだ方がうまくいくことも多いようです。また、リフォーム資金を単独で融資申し込みをした場合、資金使途から、その返済期間は5年から長くても10年となりますが、もし、購入物件のローンと合わ

大規模修繕一覧リスト

屋上防水	陸屋根、バルコニーの防水加工は10～15年程度で防水加工を行う
外壁塗装	外壁を塗りなおしは10年ごとに行う
鉄部塗装	鉄製のベランダ、階段手すり・非常階段は劣化により錆びが発生するため塗装作業が必要
消防設備修理・交換	物件規模によっては定期的に消防点検を行い、5～10年で緊急通報装置の電池交換費用、消火器の交換費用が必要
エレベーター修理・交換	定期的なメンテナンスが必要で、交換となれば多額の費用がかかる
建物、設備機器の交換	換気扇、エアコン、ドアノブの故障など、設備機器類の交換修理費用
給水ポンプ、受水槽交換	3階以上に加圧給水するためのポンプ等の設備の修理交換費用、受水槽は規模によって定期点検が必要

せて融資申し込みをした場合、物件ローンの返済期間（20年～30年）に合わせてもらえるので、月々の返済金額が少なくなるというメリットもあり有利になります。

そのほか、購入後にかかる費用として、固定資産税と管理費がかかってきます。

管理会社に支払う管理費は、毎月の集金する家賃の5％が一般的です。また、建物に対する固定資産税については、その物件が木造なのか鉄骨なのか、またはRCなのかという建物の構造によっても大きく違ってきます。

RCの方が木造よりも、固定資産評価額が高くなりますので、固定資産税が高くなりますし、また、築年数が浅い物件の方が、古い物件より評価が高くなります。つまり、新築物件の方が固定資産税は高く、逆に古い物件ほど固定資産税が安くなるのです。

土地（底地）に対する固定資産税については路線価格により決定されます。ですから、東京などの大都市は、土地に対する固定資産税が高くなります。

ＲＣ物件は、銀行から融資を引きやすいというメリットはありますが、逆に、固定資産税は高くなりますので注意が必要です。また、修繕費などの費用も、ＲＣの方が相対的に木造よりも高くなる傾向にあります。

その他、かかる費用としては、毎月の電気代や清掃費、さらにエレベータのある建物ですと、エレベータのメンテナンス代が大きくのしかかってきます。メーカーにもよりますが、毎月２万円から、高いところで５万円ほどかかってきます。また、受水槽がある建物ですと、毎年の清掃費用もかかりますが、これは５万円～７万円前後が目安です。

Q23 家族（配偶者）の理解・協力は必要ですか

ご家族の理解・協力はあった方が良いです。

定収入のある配偶者であれば、収入を合算して「世帯収入」とできるため、銀行融資において有利に働くケースもあります。また、融資の際には、配偶者に対して「保証人」になることを求められるケースもあります。

この2点は必須ではありませんが、あらかじめ理解を得られていればスムーズです。

また、金融機関へのエビデンスとして、配偶者、両親の金融資産も有効です。金融資産というのは、あくまで「これだけの資産がありますよ」と提示するだけのもので、物件購入時につかう自己資金とは別です。

その他、副業規定のある場合は、法人を設立するにあたって、配偶者や両親に社長になってもらうことも多いです。また、不動産投資は長期的となることがほとんどです。メンタル的にも長年後ろめたい気持ちでいるより、どこかで理解を得られたほうが日々前向きに取り組んでいけるかと思います。

"物件購入のプロ"からのアドバイス

（株）水戸大家さん営業部　Oさん

■儲かる物件情報を手に入れるには

投資家は一般的に収益不動産専用のポータルサイトから物件を探すことが多いと思います。しかし、実際には「非公開」「クローズ」といわれる、インターネット上に掲載されていない物件情報も多くあります。レインズ（業者間の不動産情報ネットワーク）やポータルサイトにもない内々に流通する情報です。

非公開情報とは、その不動産会社のみが持つ情報であり、その会社の登録されるお客さんだけに提供される物件です。情報がオープンにならないので、競争の原理でいうと、その会社の顧客のみがライバルです。

対して表に出される情報は複数社が取り扱います。中にはその物件を良く知らないで取り扱う業者もいます。そもそも情報の信頼度からいうと、売主から近い方が優位です。直に売主とやりとりできなければ物件の情報も不確かで把握しにくいのです。

当社の例でいうと、非公開物件の情報元は、地元の不動産会社のこともあれば、所有者から直接の依頼を受けるケースもあります。なぜなら地元の不動産会社は投資家の顧客を持ちませんし、現在の所有者からすれば、管理会社に知られずひっそりと売りたい事情もあるからです。

同じように収益不動産を購入したいという投資家がたくさんいる中で、買えるか買えないかの差は、不動産会社の担当者との信頼関係にあります。これは、属性や自己資金などといった情報の開示を正確に行っているのか、担当者への普段からの対応などです。

当たり前のことですが、情報を渡しても返事がない人に比べて、決断が早くてコミュニケーションがとれる人が優先されます。その点からいえば一度、買ったことのある人は強いでしょう。

物件購入を決断する決め手は数字です。本来であれば物件を見てから決断したいところですが、そのようなスピード感では購入は難しいものです。数字で判断して購入の意志表示をして、融資を進めている中で現地を確認するという流れでないと買えません。もちろん、現地確認をした結果、理由があれば購入を辞めることもできます。まずは決断、意思表示、融資スタートこれが大事なのです。

第4章
〈投資指標〉

利回りは何%あれば良いのでしょうか

Q24　本当の利回りとは何ですか ／ 78
Q25　利回りは
どれくらいあればいいのでしょうか ／ 80
Q26　利回り以外に、
知っておくべき指標はありますか ／ 82
Q27　購入する前にどんなシミュレーションを
行えばよいでしょうか ／ 84

Q24 本当の利回りとは何ですか

不動産投資家である大家さんたちの間で、よく飛び交う言葉に「利回り」があります。この利回りという言葉ですが、銀行の預金や国債などの債券でもよく使われる言葉です。

もともとは、投資した元本に対して毎年得ることのできる利息のことですが、不動産投資家の間でも利回りという言葉が使われます。

不動産投資の場合の利回りも、不動産に投資した元本に対して、毎年得られる家賃収入を利息と見立てて、何%ぐらいの利益を生み出しているのかを表す指標のようなものです。

この利回りにより、いろいろな収益物件が何%ぐらいの利益を毎年生み出しているのかを比較することができます。

不動産情報には、不動産の売却価格が示されていますが、この売却価格だけでは、どの収益物件を買えば投資効率がよいのかがわかりません。ですから、この利回り（表面利回りが多い）が表示されることにより、どの物件の投資効率が良いのかがわかるのです。

表面利回り＝満室時の年間家賃収入 ÷ 物件の購入価格 × 100

ただし、不動産投資の場合の利回りは、銀行預金の利回りや国債の利回りのように単純ではありません。毎年得られる家賃収入は、空室が出れば減ることもあるので、一定ではなく毎年変化しています。

さらに、先ほどもお話しましたが、収益物件を維持していくためには、管理費や清掃費用や固定資産税など、諸々の費用が毎年のように生じますので、これらの費用を得られる家賃収入から差し引く必要があります。

また5年後、あるいは10年後には、外壁塗装や屋上防水など多額の修繕費もかかってくると予想されます。それらも考慮しないと、本当の利回り（実利回り）を導き出すことはできません。利回りにもいくつかの考え方や表記があることに注意しましょう。

実利回り＝（満室時の年間家賃収入－経費）÷物件の購入価格×100

Q25 利回りはどれくらいあればいいのでしょうか

それでは現在の不動産市況の中で、収益物件の利回りはどれくらいなのでしょうか？　現在の不動産市況は5年～10年前と比べると活況で、そのため売買価格も上昇しています。

そのような状況で、私の感覚でざっくりと言わせてもらえば、利回りよりもイールドギャップが重要だと考えています。そして、そのイールドギャップ（表面利回り－調達金利）は6％はほしいところです。

イールドギャップについては第1章でも解説しましたが、不動産投資における利回りと、銀行からの借入金利の差のことです。

利回りが6％で回る物件を買ったとしても、もし、6％でその資金調達をした場合、差し引きの儲けはゼロとなってしまいます。

現在、高属性のお客様であれば、0・6％～0・8％という低金利で銀行から資金調達されていらっしゃいます。そのようなお客様であれば利回り6％の物件を買った場合、6％－0・6％＝5・4％のイールドギャップを手に入れることになるわけです。

現状、銀行の貸出は史上最低の金利となっています。ですから、イールドギャップも過去最高ですので、現在が最も有利な不動産投資を行える環境にあると言えるのではないでしょうか。

もちろん、物件が東京にあるのか地方にあるのかで、利回りはずいぶんと違ってきます。

やはり、東京などのように人が集まってくるエリアの物件は人気が高いので、利回りは低くなっています。

4章

反対に地方、または田舎にあるような物件は空室リスクがアップするため、人気が低くなります。そのため利回りがある程度高くなければ売れない状況です。

ですから、「自分は利回りが低くても東京の物件がほしい！」と言われるお客様もたくさんいらっしゃいます。ただし、銀行から借入して物件を購入するとなると、当然金利を支払わなければいけませんし、毎月、元本も返済していかなくてはなりません。

ですから、借入金利にもよりますが、現在地方銀行でも1％代で融資が引けることを考えても、最低でも7％ぐらいの利回りがないと取組は難しいのではないかと思います。

Q26 利回り以外に、知っておくべき指標はありますか

知っておきたい指標は、返済比率です。理想をいえば返済比率は50％程度に抑えておきたいものです。

しかし、現状では高金利のローンを長期で借りてしまえば、60％を超えてしまうケースがあります。

ここが判断に迷うところですが、物件によってはスピードを持って購入しなくてはいけない・・・そんなこともあります。高金利の金融機関は審査スピードが早いケースが多いため、内容次第では60％を超えることを受入れなくてはいけないこともあるでしょう。

理想論でいえば、かつては返済比率50％どころか40％で買えていた時代もありました。それは不動産投資に参入する人が少なかった時代、物件の価格が今よりずっと低かった時代の話です。

「～でなければ、いけない」という理想像を追い過ぎる人も多いですが、私は理想の基準に近い場合は「買付を入れてみる」べきだと思います。

確かに、返済比率に関しては大切な指標ですから、金利条件と購入時の利回りを確認して、常に把握することは大事です。

その上で、できれば50％に抑えて・・・というのが理想ですが、その目標は現状で難しいため、購入してしばらくキャッシュフローを貯めて、まとまった現金で繰上げ返済をするというのも一つの手立てです。

物件を増やしたいのであれば、現金は手元に置いた方がいいですし、安定経営を目指すのであれば、繰上げ返済をして返済比率を下げます。

それは、その投資家の戦略次第です。

Q27 購入する前にどんなシミュレーションを行えばよいでしょうか

イールドギャップから考えても、今は不動産投資をはじめるにあたって、有利な時期にあると思います。

まず、その前提となる賃料収入が本当に正しいのかどうかは、自分自身でしっかり確認する必要があります。現在は、ネットから近隣の賃貸募集の情報が簡単に入手できますし、また、地元の不動産屋からもヒアリングすることが可能です。

この賃貸マーケットのリサーチが正しくなければ、収支全体が狂ってくることになります。

また、資金調達を銀行借入で賄うのであれば、月々の返済額と支払金利がいくらになるのかをしっかり確認して、毎月入ってくる家賃収入から、支払うことが可能なのかをチェックする必要があります。

銀行からの借入は、元利均等方式で借りるケースがほとんどですので、手計算することは困難ですが、ネットなどのサイトで融資金額と金利と借入期間をインプットすれば、簡単に月々の返済額と支払利息を算出することもできます。

また、融資してもらう銀行にお願いすれば、計算表のようなものをアウトプットしてくれると思います。


また、このようにシミュレーションをしていく場合、収入は、固く見積もる必要があります。

たとえば、満室経営は簡単にできるものではなく、どの大家さんも空室率に悩んでいます。ですから、10%～20%の空室率を前もって想定し、手堅く月々の収入を見積もるのです。

さらにランニングコストのところでもお話したように、収益物件は、必ず月々支払うコストが発生しますので、それらの費用もあらかじめ収入から差し引いておく必要があります。

このように、手堅く計算した収支シミュレーションにより、無理なく借入金を返済していけるかどうかの収支計画表をつくることがとても重要です。

収支シミュレーションがマイナスになるような物件は、買ってはいけません。

第5章〈投資地域〉

どんな地域を選んだらいいのですか？

Q28　家から近い場所にこだわってはいけませんか ／ 88
Q29　東京都内で物件を買うことはできるのでしょうか ／ 91
Q30　地方に物件を購入しても良いでしょうか ／ 94
Q31　地方での注意点はありますか ／ 95
Q32　おすすめの地域はありますか ／ 97
Q33　不動産投資をしてはいけない地域はありますか ／ 100

Q28 家から近い場所にこだわってはいけませんか

不動産投資をどの場所で行うのか。物件をどのエリアで購入したらいいのか。この点について悩まれているサラリーマン投資家も多いと想像します。

どのような地域で不動産を探したらよいかについてお話しましょう。

不動産を購入しようとして、自分の住んでいる近所や自分の実家の近隣や地縁関係など、土地勘のある地域に限定して物件を探す方が結構いらっしゃいます。

こういった堅実なスタンスは、悪くないとは思うのですが、決して良いことでもありません。

その理由は、自ら不動産投資の可能性を狭めることになるからです。

買いたいと思う優良な物件が自分の住んでいる近隣に必ずあればよいですが、現実はそんな甘いものではありません。

逆に、良くない物件、今ひとつな物件しかないのに、妥協して近隣の中から選んでしまうという危険性もあります。

不動産投資は、物件の良し悪しで成否が決まります。もし、良い物件が出ればエリアをこだわらずに購入した方が成功しやすいと考えます。

サラリーマン投資家の場合は、購入後に物件管理を管理会社に任せることになります。リフォームや定期清掃といったこともすべてアウトソーシングができるため、家から近くである必要はありません。

そのような理由から基本的に物件の場所は拘らなくてもよいと思います。

中には近隣にある物件でないと、見に行くこともできないし、地域の賃貸相場や賃貸事情をつかみづらいと心配されるかもしれません。

しかし、最近はインターネットの発達により、たとえばGoogleマップのストリートビューを使えば物件を見ることができます。また、周辺をストリートビューで巡回すれば、物件周辺の雰囲気もわかります。

結局のところ、もし対象物件が自宅の近隣にあったとしても、やるべきことは同じです。

たとえば、自宅から5分のところに売り物件が出たとしましょう。

たしかに自宅から近隣の場所であれば歩いて見に行ける利点があります。

近隣ですから、おおよその家賃相場はわかるかもしれません。しかし、それが本当に適正なのかは調査する必要があります。

実際に聞き込み調査をするとなれば、地元の賃貸専門の不動産業者に電話をして聞くか、もしくは直接聞きに行くかになるわけです。

現在であれば、家にいながらインターネットの賃貸情報サイトで物件周辺の賃貸相場を調べることができます。その上で、物件周辺の賃貸専門の客付け業者に電話でヒアリングをすれば、より詳しい情報を得ることが可能です。

たとえば「今度このエリアに引っ越す予定ですが、この辺は住みやすいですか？」というような感じで聞いてもらえれば丁寧に教えてくれます。

最終的には「人に聞く」というのは同じで、つまり今も昔もやることはそれほど変わらないのです。

Q29 東京都内で物件を買うことはできるのでしょうか

もし、物件を買うのであれば、東京の都心（もしくは首都圏）で買いたいというお客様はとても多いです。ただし、都心の物件は誰でも買えるわけではなく、買える方というのは決まってくると思います。

都心は物件価格も高いわけですから、多額の資金を調達する必要があります。

それでは、どういった属性の方であれば、その多額の資金を銀行が融資してくれるのでしょうか。

早い話しが、「高額な物件を買える属性になりましょう！」ということになります。

東京23区内でＲＣ造マンション、表面利回りが7％強で3億円程度の物件が出たとします。

どういった人なら買えるのでしょうか？

やはり、年収が1000万円以上あり、自己資金もそれなりに数千万円はあって、さらに借入金もそれほどない人に限定されてきます。

年収500万円の方が、都心の物件を買いたいと言われても、それは、なかなか難しい話です。

東京ではなく、神奈川県・千葉県・埼玉県といった、いわゆる首都圏でも、東京ほどではないですが、買える人は限られてきます。

不動産投資にもプロセスというものがあり、いきなり東京都心の高額物件を手に入れるのは難しいです。

まずは、地方の物件を買っていただき、2000万円なり3000万円を貯めてから、都心の物件にチャレンジしていただく方が、希望通りに買い進められる可能性が高いでしょう。

最近は都内に関していえばS信金が一都三県の新築物件へ積極的に融資をしています。

不動産鑑定士を入れ、しっかりと評価を出してリフォームをすれば、築古物件でも長期融資が出ます。それも場合によっては40年で引いている人がいるほどです。

もちろん、物件次第、銀行次第ということにはなりますが、プロセスを踏んで信金・地銀などをうまく使うことで、首都圏の物件は可能でしょう。

最近は都銀でも、積極的に不動産融資をする銀行が出てきました。ただし、都銀の場合はやはり目線が高く、年収1000万円以上で、一流企業にお勤めで、自宅など資産をある程度持っていらっしゃる方でなければ取り上げてもらえないようです。

都銀は敷居が高そうで、なかなか申し入れができないというお客様なら、我々にお願いしてもらえれば、積極的に対応してくれる支店をご紹介させていただきます。また、いろいろなノウハウを持っていますので、融資が成功するよう全力でサポートさせてもらいます。

年収が低く、お勤め先も一流ではなく、資産もないというお客様では、選択としては政府系の金融機関を利用してもらうことになります。住宅金融支援機構（旧住宅金融公庫）は、融資対象が自宅に限定されますので、日本政策金融公庫に申込みすることになります。ただし、公庫といえども、結局のところ、ある程度の自己資金を持っていなければ審査が通りません。

5章

まったく自己資金のない方は、投資というよりは、「まず働いて資金を貯めてください」とアドバイスさせていただくことになると思います。

Q30 地方に物件を購入しても良いでしょうか

地方だからよいとか悪いという話ではなく、それこそケースバイケースの話です。

ただし、我々業界の間では、買ってはいけない地方のエリアが存在することは間違いありません。

一方でそのエリアに持っていれば、必ず埋まり空室は出ないというエリアもあって、そのことは、地元の業者や我々のような専門の業者に聞いていただければわかります。

地域選びで大事なことは需給バランスです。

もちろん、場所だけでなく、この地域にはファミリータイプの物件が供給過剰でシングルタイプの物件がない、だからこそ、シングルの需要がある・・・といったような、どんな物件が良いかまでしっかり把握してこそです。

札幌の某区の物件は買ってはいけないと本に書いてあった、インターネット情報に書いてあった・・・、そのような情報を鵜呑みにするのではなく、我々のような専門業者に相談してもらえればと思います。

Q31

地方での注意点はありますか

地方での注意点をあげますと、やはり「正しい情報を収集して、しっかり判断する」ということに尽きます。同じ町内でも通りが一本違っただけで、「良い」「悪い」の落差が激しい地域がたしかに存在します。地元の人なら常識であることが、東京の投資家にすれば知らないことが多いのです。

街としての人気もありますし、その地域は住民の属性が良い、逆に悪いといった治安にも関わる情報、その他、地盤がゆるい、大雨の降ったときに水はけが悪いといっ

5章

たような情報もあります。

また、その地方ならではの慣習や商習慣というのもあります。広告費ひとつとっても、まったくとらない地域もあれば、逆に3カ月〜4カ月といった広告費がかかる地域もあるのです。その辺は事前にしっかりリサーチしておきましょう。

一例として水戸市の話をさせてもらえば、水戸は少し特殊な地域です。というのも、全国的に展開している有名な不動産会社・・・たとえばミニミニやエイブルが進出しにくいエリアになります。

水戸には、古くから地元密着で営業している強い仲介業者があります。不動産賃貸においては、基本的にこの仲介会社に頼まないと客付けができません。なぜか、この2社以外にお願いしても埋まらないと言いますか、客付けが非常に難しいです。

A社に募集を依頼してもまったく埋まらなかったのに、この2社のどちらかにお願いしたら一瞬で埋まったという物件がたくさんあります。

このように地域の特性というものがありますので、よく調査をする必要があります。

また、地方の場合は東京などと比べて仲介業者や管理会社の数も少ないものです。

これらの業者は地元密着型ですから、購入後のことも考慮して、良好な関係を維持していく必要があります。

Q32 おすすめの地域はありますか

人によって購入する物件は、「首都圏でないとダメだ」「政令指定都市または県庁所在地でなければ買いたくない」と言われる方もいらっしゃいます。

しかし、私としては、不動産は個々の物件ありきで考えていますので、あまりどこの地域だからお勧めという風には考えていません。

これは人と同じだと思うのです。

東京に住んでいる人が全員いい人たちなのかと言えば、決してそんなことはありません。だから、いい人を探していく、いい物件を探していくという考え方なのです。

東京でも、悪いエリアがあります。供給が多すぎて、なかなか客付けができないエリアがありますから、そういったエリアは避けるべきです。

地域ではなく物件で選ぶのなら、どういうものを対象にすればいいのかと申しますと、RC造とS造、それと木造であれば築10年以内の比較的新しく、設備の良い物件をお勧めしています。

木造が10年以内というのは、それ以上に古いとなかなか銀行の融資が付きづらいことがあるからです。設備が良く、入居者のニーズに対応した良い物件であれば、悪いエリアでも問題ないでしょう。

最終的には銀行の融資が付かないと物件は買えません。

「どの地域がよいか」というよりも、逆に「どこにある物件なら銀行の融資が付きやすいか」という視点で考えるべきです。

たとえば、A銀行であれば、「富山県の富山市のこのエリアでなければ融資を出さない」とわかれば、徹底的に富山市のそのエリアで物件を探すのです。

さらに、その銀行の担保評価が「積算評価で算出する」とわかれば、そのエリアで積算評価の出る物件を徹底して探すのです。

このように融資から入っていくやり方が、私のお勧めする方法になります。もちろんその物件がどの程度の収益を生み、最終的に利回りが合うかどうかも検討します。

銀行の貸出金利が1％であれば、借入期間がどれくらいになるかもありますが、イールドギャップから逆算して、7％以上の利回りがあれば返済していけると判断します。そして、7％以上の物件を探していくことになります。

このように、銀行の融資が出やすい物件を探すのが成功への近道になります。

銀行により、担保評価にしても積算評価なのか、収益還元評価なのか、それともそれらを半々で評価していくのかという違いがあります。

それぞれの銀行の担保評価の特徴や、どのエリアなら融資が出やすいのかを、すべて個人で把握することは不可能です。そういった銀行情報に詳しい業者と強いパイプを持つことが重要です。とにかく、業者によってレベルがかなり違ってきますので、できるだけ優秀な業者を使うべきです。

では、どうすれば優秀な業者であるかを見抜けられるのでしょうか。まず、面談してみてください。

5章

そして、紹介できる銀行が1～2行しかないのであれば、ちょっと厳しいです。私の会社では、東京はもちろんのこと、購入物件が秋田であれば、秋田にある銀行も紹介することができます。それこそ、全国にある様々な銀行を使った実績がありますす。そういった業者と取引することが、成功への近道です。

Q33 不動産投資をしてはいけない地域はありますか

繰り返しになりますが、投資エリアの選定で重要なのは、都市圏か地方かということではなくて、そこに「賃貸ニーズはあるのか」です。

人口が少なくて町が小さくても、アパートの供給が少なくてニーズがあればやっていけますし、逆に大都市であっても、アパートが増えすぎて供給過多であればやっていけません。

借り手がいなくて競争が激しいエリアでの賃貸経営は苦労します。そのような地域では物件を買ってはいけません。

第6章〈銀行融資〉

サラリーマンでも融資を引けますか？

Q34　融資はいくらくらい
　　　借りることができますか ／ 102
Q35　融資を受けるためには
　　　年収がどれくらいあればいいですか ／ 103
Q36　どんな銀行から借りることができますか ／ 105
Q37　借りるときの注意点はありますか ／ 107
Q38　住宅ローンがあっても借りられますか ／ 108

Q34 融資はいくらくらい借りることができますか

個人が、銀行からいくらまでなら借入できるかについては、借入する本人の属性によりますし、また、どの銀行から借入するかでも大きく違ってくるものです。

まず、個人の属性については、今までお話したとおり、本人の職種や年収や勤続年数、さらに個人所有資産などを銀行側が審査して融資金額を決めています。

また、購入物件の担保評価額によって、借入れできる金額が決まります。

このように、一般的に銀行は、個人の属性と購入物件の担保評価の両方を見て融資金額を決めています。

しかし、中には物件の評価額はあまり勘案せず、個人の年収の何倍までなら融資するという銀行もあります。

本来、不動産融資なので、融資対象の物件の担保評価があって、足りない部分を個人の属性を見て、年収などから返済余力を勘案して融資額を決定するというのが本筋だと思います。

ただし、個別の銀行名は書けませんが、銀行によっては、それぞれ独自の融資スタンスで融資額を決めているケースもありますので、とにかく、いろいろな銀行と交渉してみることが肝要です。

Q35 融資を受けるためには年収がどれくらいあればいいですか

これは、一概にいくらあればいいとはいえません。

銀行の立場からすれば、年収が多くて、借入金が少ない人がよいと思うでしょう。年収が多い人であれば、空室が発生し、キャッシュフローが厳しくなったとしても、自分の給与収入で毎月の借入返済を補填することができますから、銀行としては安心

6章

して貸せるはずです。

ただ、銀行にとって不動産融資というのは、あくまで不動産投資という事業に対する融資です。当然、購入する物件の立地や設定家賃の妥当性など、その事業がうまくいくかどうかを審査し、さらに、物件から得られるキャッシュフローにより、無理なく返済していけるかどうかを審査しているわけです。

ですから、個人の給与収入や資産余力は、補完的なものとして捉え、本来の事業成功の可否を決める物件の事業性をメインに審査していくべきだと思うのですが、これぱかりは、各々の銀行の考え方、融資スタンスにより異なります。

一例として、私のお客様で年収600万円、貯金が2000万円という方がいらっしゃいました。この方は1年間でトータル5億円弱の物件を購入して成功されました。おそらく貯金額が高く評価されたのだと思います。もしも貯金0でしたら、ここまでの拡大はできなかったでしょう。

また、地方在住も有利に働きました。これが東京で同じことやろうとすれば、最低でも1000万円は欲しいところです。

つまり、同じ年収や資産背景であっても、東京ではさほど高く評価されませんが、地方では優良顧客として見てもらえるケースがあります。

もう一つ、付け足しますと、逆に東京在住で年収が高い人であれば、数多くの銀行から選べるので有利です。そしてハンデになるのは、東京在住の低年収の人たちです。そう考えると、年収が高くない人であれば地方在住が有利に働きます。

Q36 どんな銀行から借りることができますか

基本的には、自分の住んでいる地域に支店を構えている金融機関から借入することになります。

私のお客様だと、やはり東京に住んでいらっしゃる方が多いので、メガバンクや東京に支店のある地方銀行が圧倒的に多いです。また、最近ではアパートローンに積極的な信用金庫もあります。

とにかく、不動産融資に積極的な銀行と消極的な銀行がありますので、いろいろと情報を集めて、積極的に対応してくれるところへ相談すればよいと思います。

たとえ不動産融資に積極的な銀行があると聞いても、自分の住んでいる地域にその銀行の支店がない場合は融資に応じてもらえません。

また、自分が住む地域の銀行に、遠方の地域（北海道や沖縄）にある物件を購入したくても、エリア外ということで断られることも多いです。

多くの銀行は、担保管理ができないという理由で、自分たちの本店、支店がある地域の物件しか、融資対象としていないところが多いようです。

ひとつの例をあげてみますと、富山市にある地方銀行へ、「札幌市内にある物件を購入したいので融資をしてほしい」と申し出ても、その銀行は、「札幌市内に支店がないので融資ができません」という理由で断ります。

このようなケースでは、富山市にある銀行で、札幌市内にも支店のある銀行を探し出してお願いすればスムーズに融資が出ることも多くあります。

ただし、どの銀行を使うかについては、我々にお任せしていただけば、札幌市内にある銀行をご紹介することもできますし、全国に支店のあるメガバンクを紹介することもできます。

また、地銀の中でも不動産融資にとても積極的で、購入物件の対象エリアを選ばないところもあります。少し金利は高くなりますが、そういった地銀を利用することもできます。

あとは、やはり金利が低いところがお勧めです。金融機関で言えば、メガバンク＞地銀＞信金＞ノンバンクといった順番で金利が低くなりますので、いろいろと条件などを比較してみてください。

Q37 借りるときの注意点はありますか

不動産物件を購入するときに個人名義にするのか、それとも法人名義にするかで、銀行への融資申し込みの仕方が違ってきます。

一般的には、個人名義で物件購入をすることが多いですが、数億を超える規模など高額な不動産のケースでは、個人名義で買ってしまった場合だと、いざ相続が発生したとき、相続税の支払いが大変になります。

ですから、ある程度不動産が増えたら、相続対策として資産管理会社を作り、その会社名義で購入される方がいらっしゃいます。その場合、法人名義で銀行に融資を申し込むことになります。

私のお客様の場合、最初から相続などのことも考えて法人名義にされる方が多いです。

できれば「どの程度まで不動産を増やすのか」という目標を事前に決め、個人名義にするのか、それとも法人名義で購入するのかを、税理士さんと相談しておくのがよいでしょう。

Q38 住宅ローンがあっても借りられますか

一般的な住宅ローンであれば、不動産融資に影響はないと思います。

ただし、あまりにも高額な住宅ローンを借りて高額な住宅に住んでいらっしゃるような方は、マイナス評価をされると思います。

住宅ローンは、事業性ローンと違い、国の住宅振興の一環として審査基準が甘いのです。ですから、担保評価が割れているのに、住宅ローンなら限られた自己資金でも融資できることが多いのです。

ただし、新たに不動産融資を申し込むと、改めて個人の資産査定を受けることになり、住宅ローンで買った物件も、当然厳しく資産評価をされることになります。そうなると、住宅ローンの残債よりも住宅の資産評価が低くなることが多いので、他に金融資産がなければ、たちまち債務超過とみなされることもあるわけです。

そうなると、新たな不動産融資に応じてくれないこともあるので要注意です。

基本的に、不動産投資をどんどん推し進めていくつもりなら、ローンを使って住宅を購入するようなことはせず、借家に住んだ方が有利に運ぶでしょう。

"銀行融資のプロ"からのアドバイス

(株)水戸大家さん営業部　Iさん

■ "物件ありき"ではなく"融資ありき"

融資の基本といえば"物件ありき"ではなくて"融資ありき"です。居住地や属性などから、使える金融機関、使えない金融機関を判別します。使える金融機関がわかれば、その目線に基づいた物件を選びます。そのためには、付き合う不動産会社も融資に詳しくなければいけません。

当社の場合は物件情報が入ったときに、どんな融資が使えるのかを常に銀行にヒアリングしています。もちろん、投資家が自分自身で銀行開拓をしてもよいのですが、平日の15時までに動くのは難しいものです。

収益不動産を取り扱う不動産会社はたくさんありますが、融資アレンジができない業者も多く、簡単に誰でも使える銀行しか紹介してくれないケースも多いのです。その銀行しか使えない属性であれば仕方ないのですが、より有利な条件で融資を受けられる銀行を紹介できる業者と付き合う方が投資家のためになります。

不動産会社のセミナーや面談を受ける際も、その辺をしっかり確認しましょう。使える銀行をどれだけ提案できるか。また融資の使い方を提案できるかが大切です。厳しくなっている銀行もあれば、まだまだ積極的な銀行もあります。そこも含めて常にタイムリーな情報を得るようにします。

融資の情報、融資を受けられる力をわかっていないと業者主導で物件を買わされてしまいます。その結果、規模拡大をしたくてもできない。1棟目を買えても2棟目が買えなくなってしまう・・・というケースが散見されます。

なぜそのようなことが起こるかといえば、2棟目を買う際に銀行によって1棟目の見方も変わるからです。運用ができていればOKという場合もあれば、年収の○倍と決まっていて住宅ローンや他の借入からマイナスされていく銀行もあります。

1棟目の物件の評価の結果、本来なら2億円まで買えるにも関わらず、1億円で止まってしまうのはありがちな失敗です。そうであれば、先に厳しい銀行の融資を使っておくべきです。いずれにしても、融資は戦略的に使う必要があるのです。

第7章〈物件調査・選定〉

どんな物件を買ったらいいですか？

Q39 不動産投資には、
どのような物件の種類があるのでしょうか ／ 112
Q40 理想の物件とは
どのような物件でしょうか？ ／ 116
Q41 新築物件と中古物件
どちらがいいでしょうか ／ 118
Q42 木造物件とRC物件どちらがいいでしょうか ／ 120
Q43 大規模物件と小規模物件
どちらがいいでしょうか ／ 123
Q44 サラリーマン投資家に向いた物件は
どんな物件でしょうか ／ 125
Q45 物件を買うときに気を付けることは？ ／ 126
Q46 物件を買うときに空室率、
建物の状態はどう考えますか ／ 131

Q39 不動産投資には、どのような物件の種類があるのでしょうか

不動産投資には、大きなものから小さなもの、特殊なものなど様々ですが、サラリーマン投資家が対象とする不動産投資は概ね次の物件になります。

・区分マンション
・1棟マンション
・1棟アパート
・1棟ビル
・戸建て

まず、新築なのか、中古なのかという区分で分けますと、新築の場合は当然、更地

の土地も投資対象となります。

この中で、区分所有のマンションは、当社ではあまり取り扱っていません。なぜかと言いますと、区分所有のマンションはキャッシュフローが悪いので、基本的にお勧めしていないのです。

あと、区分所有のマンションは銀行の担保評価が低くなりますので、共同担保などの余力に使いにくいということもあります。

ですのでお勧めは一棟もので、キャッシュフローが回る物件ということになります。

続きまして、一棟ものと言っても、いろいろな種類がありますので、それについてお話しします。

一棟ものは、その建物構造で種類が分けられます。主なもので、次のような建物構造があります。

・木造　伝統工法やツーバイフォーなどによる木造建築がある。
・S造　鉄骨造（建築物の躯体に鉄製や鋼製の部材を用いる建築の構造のこと。さら

に重量鉄骨造と軽量鉄骨造に区分されます）

・RC造　鉄筋コンクリート

・SRC造　鉄筋鉄骨コンクリート

S造には、ハウスメーカーが施工する軽量鉄骨造（プレハブ工法）があります。軽量鉄骨造は、重量鉄骨造とは違い、厚さが6ミリ未満の鋼材を使い、一般的には、前もって主要部材を工場で生産し、それを現場で組み立て設置する、プレハブ工法で造られています。

テレビのコマーシャルなどでよく耳にするハウスメーカーが作る注文住宅や賃貸物件の多くはこの工法で造られています。

軽量鉄骨造については、それぞれのメーカーの仕様により耐用年数などが細かく違ってきますが、木造、RC造、軽量鉄骨造の主な特徴は次の図のようになります。

※次の表は一般的な傾向を表すものであり、すべての物件が鋼材や工法だけで、性能を断言できるわけではありません。

	鉄骨・鉄筋コンクリート（SRC）・鉄筋コンクリート（RC）	軽量鉄骨造（プレハブ工法）	木造・合成樹脂造
耐震性能	◎	○	▲
耐火性能	◎	△	▲
	（耐火仕様可）	（準耐火仕様可）	（準耐火仕様可）
耐久性能	◎	△	▲
（住宅法定耐用年数）	（47年）	（27年）	（22年）
耐風性能	◎	△	△
遮音性能	◎	△	▲
間取りの自由性	△	○	◎
重量物積載（室内・バルコニー）	◎	○	▲
初期建築コスト	△	○	◎
長期建築コスト（100年累計）	◎	▲	▲

・出典：HOME'S
http://www.homes.co.jp/article/knowhow/knowhow_024/

※記号については、◎が一番評価が高く、○、△、▲の順番で低くなります。

不動産投資という面で、これらの建物を比較しますと、木造については、銀行の担保評価が低くなりますので融資が付きにくいという面があります。ですから、ある程度の自己資金がなければ購入は難しいでしょう。

特に戸建てについては、事業用融資は厳しいので、物件価格が相当安いか、もしくは、自己資金に余裕のある方向けとなります。

Q40 理想の物件とはどのような物件でしょうか？

理想を言わせてもらえば、利回りが高くて、築浅で、銀行が融資を出しやすく、東京にある物件であればベストです。
しかし、現実にはそのような全ての条件を満たす物件はありませんので、どこで妥協していくかになると思います。

利回りで妥協するのか？
築年数で妥協するのか？
それとも、東京ではなく地方物件で妥協するのか？

不動産投資をしたいというお客様と最初に面談するとき、必ず、「いくらのキャッシュフローがほしいのですか？」と尋ねることにしています。

新築なのか中古なのかという区分もそうですが、いくら新築でいい物件を見つけたとしても、手元にキャッシュフローがまったく残らないようであれば、なんのために投資をするのかわからなくなってしまいます。

物件を一生懸命に探しているお客様は、不動産を買うことが目的になってしまっていて、いくら手元にキャッシュが残るのかの本来の目的が忘れ去られているといったケースが多いです。

自分の希望しているキャッシュフローが出る物件であれば、東京都内であろうと地方であろうと、どちらでもよいのではないでしょうか？

結局は、キャッシュフローが出る物件が一番よいと思います。

Q41 新築物件と中古物件どちらがいいでしょうか

新築がよいのか、それとも中古がよいのかという話ですが、どちらにもメリット・デメリットがあります。

新築の利点は、主に「修繕がほとんど発生しないので費用や手間がかからない」「入居がつきやすい」の2点で、コストや空室で悩むことが少ないことです。

さらに、新築であれば、木造であっても長期融資が組みやすい点もメリットです。

新築のデメリットは、当初は新築プレミアムで相場より高い家賃がとれるのですが、年数が経過すると、そのプレミアム家賃が下がっていくので注意が必要です。

新築プレミアムによる利回りを鵜呑みにして、キャッシュフローで銀行借入の返済をギリギリで組んでいると大変なことになる可能性があります。

その他、新築のデメリットとして、木造の場合は築10年以上経過すると売りにくくなるということがあります。

その理由は、木造で築10年以上の物件は、銀行から融資を引くことが難しくなりますので、必然的に価格が下がりやすいということが言えます。

中古については、今まで述べた新築の場合の逆になります。

いろいろと修繕する箇所が発生し、メンテナンスに手間がかかります。また、中古物件になりますと、間取りが古臭くて現在のニーズにあっていないなどの理由から、募集に苦労するケースが多くなります。

その代り、新築に比べて安い価格で購入できますし、家賃も安定しています。なにより入居者がついた状態でオーナーチェンジとなるので、すぐに家賃収入を得ることができます。

それぞれメリットとデメリットがありますので、よく研究して自分に最適な方を選びましょう。

Q42 木造物件とRC物件どちらがいいでしょうか

先ほども述べましたが、木造物件の場合は築10年を経過しますと、銀行からの融資が付きにくく、売りにくくなり価格が急激に下がっていきます。

ですから、木造の場合は新築や築浅の時から中古として売却する出口まで、長期的なスパンで考えていく必要があります。

とにかく、木造は値段の下がり方が激しいので、それを見越した上で、売却するまでにちゃんと元がとれるのか、手元にキャッシュはどれくらい残るのかを計算する必要があります。

たとえば、新築で5000万円の木造物件を買ったとします。でも、10年後または20年後になると、3000万円になる可能性は大いにあります。

峯島忠昭の役立つ情報ツール

裏面

読者参加型メルマガ「峯島忠昭のお金持ちクラブ」

初月無料

【¥864（税込）／月　発行／毎週日曜日】

資産10億円
不動産投資
ID: 0001675868
読者参加型メルマガ「峯島忠昭のお金持ちクラブ」
峯島忠昭
¥864（税込）/月　初月無料！
毎週 日曜日
PC・携帯向け/テキスト形式

人気メルマガ「水戸市のサラリーマン大家さん」の発行者である、峯島忠昭が無料メルマガで言えない話を書いています。読者特典として、月に30人限定で15分の電話、skype、LINE電話での質問が出来ます。内容はなんでもかまいませんが、後日、メルマガ内でQ&Aをシェアします。（相談者は抽選にします）また、月に1回、読者さんだけが集まる秘密の飲み会を開催しています。各業界の成功者が多いこの飲み会では、日常では聞けないお金の話が聞けたりします。

まぐまぐ不動産投資系メルマガNO1　14万人の読者が熱読。

『水戸市のサラリーマン大家さん』

無料

購読者日本一の不動産無料メルマガ。年間取引額300億円以上、累計取引額1000億以上の著者が、不動産投資についてのノウハウや最新情報を真剣に書いています。メルマガ登録で非公開の物件情報も入ってきます。

以下URLより無料配信中　※「水戸大家　メルマガ」で検索！

http://www.mag2.com/m/0000282526.html

峯島忠昭の不動産知識を完全収録!

『不動産投資大百科』

PDF 554ページ

無料

不動産投資大百科
全不動産投資ノウハウ完全解説
全554頁・無料公開・期間限定
2年で資産10億円になった人多数！
自己資金が少なくても、年間家賃収入1億円超えが続出する不動産投資の極意を、あなたに公開いたします。
もちろん、リスクをとって、もっと家賃を増やす方法もわかりますので、それらを全て詰め込んで「不動産投資大百科」としてまとめました。
株式会社水戸大家さん 代表取締役：峯島 忠昭
テリー伊藤のマル金ライダー8
TV番組出演中!
TOKYO MX
PM20:00〜0A
レギュラー出演者

不動産投資大百科
全不動産投資ノウハウ完全解説

※こちらはイメージです。実際は電子ブックとなります。

以下URLより無料配布中（期間限定）　※「水戸大家 不動産投資大百科」で検索！
※2018年6月末まで配布予定

http://mnsm.jp/mhkf

読者限定特典 無料

著者 峯島忠昭から読者の皆様へのプレゼントです。

本書をご購読いただきありがとうございます。
サラリーマンをはじめ、お勤めの方が不動産投資を成功させるためには、効率的な知識の取得、投資活動をおこなうことが必要不可欠です。そしてなにより同じ境遇より成功された先行者のリアルな事例を知ることが大切です。私もサラリーマン大家さんだった頃は、当時の著名大家さんの手法を模倣して、短期間で家賃年収1500万円を築きセミリタイアを果たしました。そこで、本書の読者のみなさんにもぜひ、早い段階でリアルな成功事例を知っていただきたいと思い特典を2つご用意しました。本書と合わせうまく活用していただき、ぜひ成功大家さんの仲間入りを果たしてください。

1、『峯島忠昭が教えるサラリーマン大家さんリアル成功事例(動画)

実際に私のもとに相談にこられ成功されたサラリーマン大家さんたちの事例をご紹介します。

・動画内容(予定)

◆知識ゼロから不動産投資を始めて短期間で大家さんになった方◆2棟目、3棟目と次々と購入を続けている方◆家賃年収が増え、サラリーマンをセミリタイアして専業大家さんになった方◆億の単位で銀行融資をひいている方　ほか

2、『峯島忠昭が家賃年収1500万円にたどり着いた方法(PDF)』

ごま書房新社より
好評発売中

峯島忠昭の初著書『30歳までに給料以外で月収100万を稼ぎ出す方法』より内容を抜粋してご紹介します。少し古い内容ですが、サラリーマンからの不動産投資スタート、資産拡大にはご参考になるかと思います。

★知識ゼロから効率よく不動産知識を身につけた方法★サラリーマンと大家さんを兼業した方法★融資をできる限り使わずに物件を購入した方法★区分、戸建、アパート、商業ビルでおこなった不動産経営★家賃年収1500万円までの資産拡大★サラリーマンをセミリタイアする時の注意点　ほか

特典は下記URLよりお申し込みください。

http://mnsm.jp/kks02

※2018年6月末まで配布予定

これがＲＣ造物件となれば、木造ほど築年数で価格が下がることはなく、むしろ、不動産市況にもよりますが、買った値段より高く売れるケースもあります。

景気がよくなり、不動産市況がよくなりますとＲＣ造、Ｓ造の物件は値段が上がっていきますので、キャピタルゲインを狙うのであれば、ＲＣ造とＳ造の物件が有利です。逆に木造は、価格は下がっていく一方という認識を持ちましょう。

ＲＣ造のデメリットとしては、物件規模が大きくなるため、価格が高くなり銀行からの借入金が多くなってしまうということでしょう。

ただ、私としては、物件が大きいからといって、それが悪いとは思っていません。ある程度の規模の物件を購入していった方が投資効率は高まります。

またエレベータのあるＲＣ造の物件ですと、電気代などの固定費が高くなります。くわえて修繕やリフォームにかかる費用は、木造よりは多くなります。

これも、一概に判断しにくいところで、木造は金額が安くても、家賃収入に対する修繕費や管理費の割合をパーセンテージにするとＲＣと大差はありません。

これもＲＣ造の方が物件が大きくなる分、収入が多くなり、スケールメリットが出るためです。長期の視点でみるとＲＣ造の方がお金がかかる・・・とは言い切れません。

木造がよいのか、それともＲＣの方がよいのかという話に戻せば、手間をかけてもよいのであれば中古の木造物件の方が、利回りが高いのでよいのではないでしょうか？

但し、キャピタルゲインを得ることは難しいでしょう。

融資が付きやすいと言いますか、できるだけ銀行から融資を引出したいのであれば、ＲＣ物件ということになります。

ＲＣ造の物件であれば、不動産市況によりますが、キャピタルゲインも狙えます。

また、ＲＣ造の物件で最大限に融資を引出したいのであれば、築30年までの物件が好ましいと言えます。

厳密にいえば、ＲＣ造の一般的な耐用年数は47年なので、47年－30年＝17年が、銀行からの借入期間となるはずですが、30年の借入期間で融資を出してくれる銀行もあります。

もちろん、全ての銀行が耐用年数を超える期間で融資を出してくれるわけではありませんし、どのＲＣ物件でもよいというわけではないので、そこは銀行によります。

銀行の姿勢もその時期によって大きく変わりますので必ず確認しましょう。

Q43 大規模物件と小規模物件どちらがいいでしょうか

大規模物件がいいのか、それとも小規模物件がいいのか、これは一概には言えないと思います。

大きな物件をどーんと一つ買えばよいと考えるお客様と、できるだけリスクヘッジするために、小さな物件をいろんな地域で複数買っていきたいというお客様もいらっしゃいます。

私としては、不動産物件というのは流動的であり、出たとこ勝負だと思うのです。

たとえば、1億円の物件を探しているお客様がいて、もし、1億9千万円の優良物件が出てきたらどうしますか？

探している1億円の優良物件に必ず巡り合えるという保証はどこにもありません。ある程度の規模の物件を買った方が投資効率がよいですから、せっかく優良物件に巡り合えたチャンスを見逃すのではなく、検討してみるべきだと思うのです。

もちろん、リスクヘッジのために一棟だけでなく、たとえば、Aという物件がダメになってもBという物件で補填できることもありますので、できるだけ複数の物件で経営を安定化させたいと考えるお客様もいらっしゃいます。確かに、一棟だけでは経営が不安定ですから、この判断も正しいです。規模は大きければ大きいほど安定します。

あとは、どのような物件に巡り合うことができるかということになると思います。

Q44 サラリーマン投資家に向いた物件はどんな物件でしょうか

今までもお話してきたように、サラリーマンの場合、できるだけ融資の付きやすい物件がお勧めです。

ですからRC造の物件、もしくは、築10年以内の築浅の木造物件がお勧めということになります。

もちろん、キャッシュフローが回る物件であることが大前提です。あとは、できるだけお客様の考えを尊重し、最適な物件を探すのが不動産業者の役目です。

たとえば、3億円の物件をいきなり買うというのは、人によっては、ハードルが高く感じられますので、個々のお客様の考えを尊重し、5000万円の物件からスタートしたいというお客様であれば、そのご要望に従ってお手伝いします。

あとは、サラリーマン個人の属性により、銀行から借りられる融資額が違ってきますので、それらを考慮しながら投資物件を探さなくてはいけません。

お勤め先と年収、自己資金と資産背景、そして借入金がある場合は、その残債と月々の返済額を教えていただければと思います。

どこの銀行が使えて、どの程度の物件なら買えるかが、だいたいわかってきますので、まずは、そのあたりから物件を探していくことになります。

Q45

物件を買うときに気を付けることは?

物件を買う場合、空室率や建物の現況などについては、実際に現地へ足を運んでしっかり調査をする必要があります。

一般的に言えば、もちろん空室率は低い方がよいのは当然ですが、中には、空室が多い物件を安く買いたたき、物件再生などを手掛けるオーナーもいらっしゃいます。

こういう方たちは、「自分には、力があるから空室を埋められる」と自負されている方が多く、実際、全空に近い物件をとても安い金額で購入し、空室を埋め、高値で転売をされています。また融資も付かないので、かなりの自己資金がある人に限定されます。

もちろん、これは特殊な話なので、一般のサラリーマン投資家の方には、こういう手法はお勧めしません。

空室率については、オーナーの努力によるところも大きいので、物件を購入したあと、空室率が上がってしまうこともあります。

やはり、オーナーが管理会社や賃貸仲介会社などと親しくなり、良好な関係を築いていくことが重要になります。

そういう意味で、現状の管理会社や客付け業者との関係なども調べておく必要があります。

建物の状態についてですが、修繕の必要な箇所はないか、また、大規模なリフォームをしないといけないかなども、十分調査しておく必要があります。

基本的に初心者の方であれば、あらかじめ必要な修繕や最低限のリフォームが終わっている物件が好ましいです。

後に修繕などが次々に発生するような状況では手間がかかり、心理的にもよくありません。さらに、その都度、資金調達に悩まされることになります。

これが実績を積んだベテランの投資家になりますと、自分で気に入ったリフォーム業者でしたいという希望もあります。

たしかに売主が売却するためだけの目的で施したリフォームでは、近隣のライバル物件と差別化することは困難であり、結局、賃貸募集でも苦戦することになります。

近隣の賃貸ニーズなどをリサーチし、自分自身で他のライバル物件と差別化できるリフォームを企画し、勝負したいというお客様もいらっしゃるのです。

ただし、それらの修繕やリフォームに必要な費用も売却価格に加えて、利回りを算出し直す必要があります。それらの費用を織り込んだとしても、利回りがよければ購入してもよいでしょう。

銀行に対しても、これらの修繕やリフォーム資金を必要資金として前もって申請しておけば、その分を加味して融資を受けられるケースもあります。

リフォーム費用を加えると採算が合わないという物件はやめておくべきです。とにかく物件次第だと思います。少なくとも物件購入後、当初想定していなかった修繕が次々と発生すると、キャッシュアウトしてしまうという悲惨な状況に追い込まれることにもなりかねません。ですから、事前調査は綿密に行ってください。

それでも、購入後に建物の瑕疵が見つかることがあります。

中古物件の場合、売主の瑕疵担保責任が、契約により免除されている場合が多いです。特に売主が個人の場合、そういうケースがほとんどですので注意が必要です。

瑕疵があったとしても原則として売主に瑕疵担保責任の請求をすることはできません。

中古物件では築年数がある程度経過しているので、瑕疵があることもある程度予想されるからです。したがって、中古物件を購入する場合は購入前に物件をよく調べておく必要があります。心配があれば最低でも3か月は保証してもらうように交渉しましょう。もちろん保障期間は長い方が、買主にとって有利になります。

但し、売主が不動産業者の場合は瑕疵担保を免責にするとか、期間を短くするなど買主に不利な特約は無効とされます。

目的物の引渡日から2年以上とする契約をする以外は、瑕疵を発見してから1年は責任を負うという民法の原則に従うことになります。

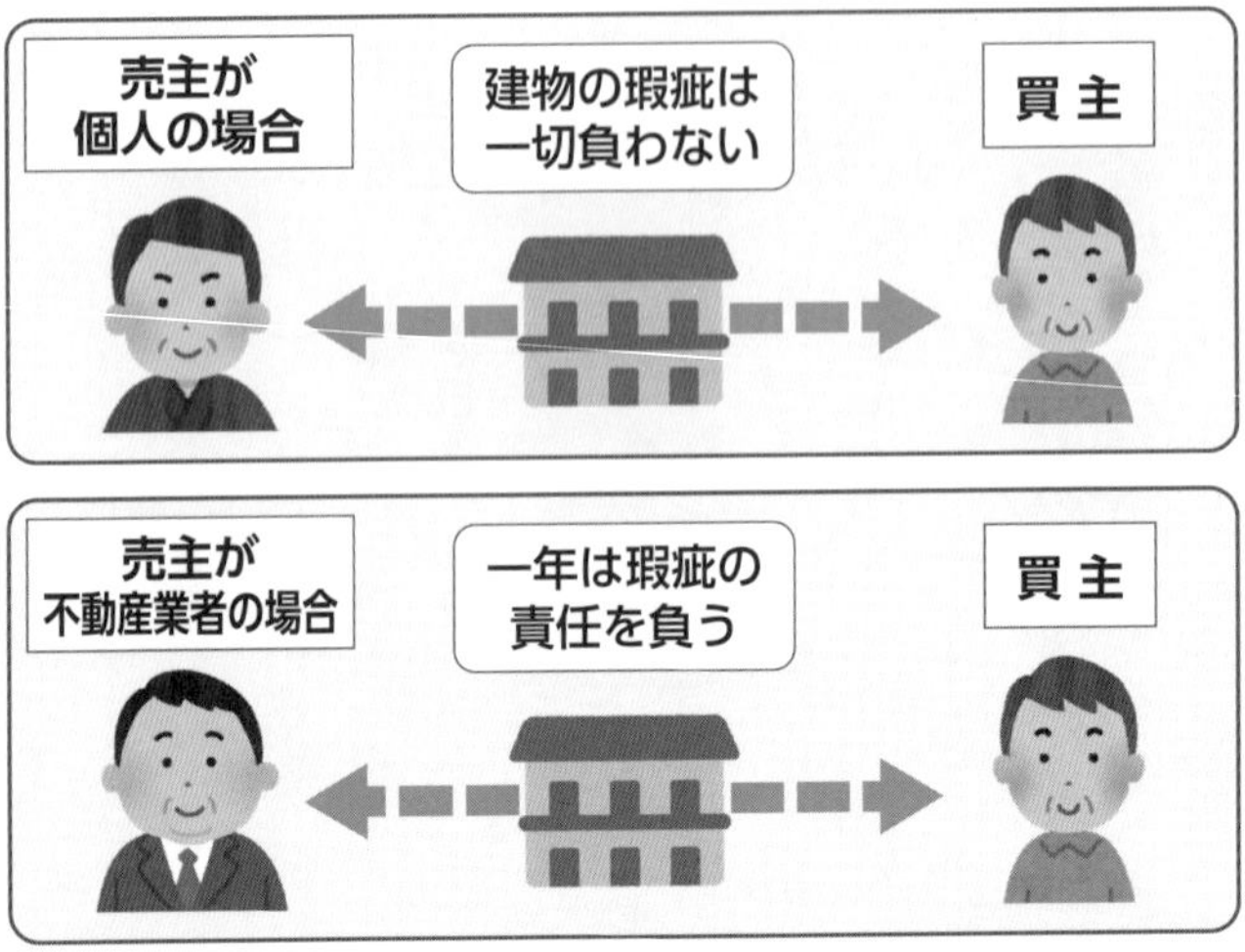

売主が不動産業者の場合は、ほとんどのケースで瑕疵担保責任の期間を引き渡し日から2年にしています。中古物件で建物の瑕疵が心配というお客様は、売主が不動産業者の物件の方がリスクヘッジになります。

なお、新築物件の場合ですと、建物を売る側は当然、業者となります。

平成12年4月1日から施行された「住宅の品質確保の促進等に関する法律」により、10年の瑕疵担保期間が義務化されました。

しかも売り主側が倒産などにより、瑕疵責任を履行できなくなる事態を防止するため、業者はあらかじめ供託金を積むか、保険に加入することが義務化されました。これにより売主の業者が倒産したとしても、瑕疵担保責任が確実に履行できるようになりました。建物の瑕疵がどうしても心配というお客様なら、新築物件を検討しましょう。

Q46 物件を買うときに空室率、建物の状態はどう考えますか

また大前提として、半空（半分以上が空室の物件）など、空室率の高い物件は買いたくないと思います。おそらく満室に近い状態、または少なくとも7～8割入居している状況でないと検討すらしないでしょう。ただ半空になっている理由が明確であり、購入後、募集をすればすぐに埋めることができるという物件なら問題ありません。

たとえば、「オーナーが高齢で、募集を止めていた」「息子さんや娘さんが相続の関係で建物を取り壊す目的で、募集を止めていた」というケースであれば、まったく問題ありません。そうでない場合、基本的に半空の物件は避けるべきだと考えます。もちろん、私は、お勧めしていません。需要があるからこそ、7割～8割以上の入居率を確保できるわけで、半空ということは、なにか欠陥があるはずですから。

7章

STEP2 解説動画

STEP2のまとめを
著者の峯島忠昭より動画で
わかりやすく解説します。

⇩

http://mnsm.jp/newkyoukasyo2

スマホからは
QRコードで！

STEP3
管理運営・空室対策編

不動産投資は買ってからが本番です。STEP3〈管理運営・空室対策編〉では、1棟目の物件を購入して、どのように管理運営していくのか、運営時のリスクも含めて紹介していきます。

◆第8章「忙しいサラリーマンでも物件の管理はできますか?」
◆第9章「物件の稼働率をあげる方法を教えてください」
◆第10章「不動産投資にはどんなリスクがあるのでしょうか?」

第8章では、管理運営の方法です。管理方式の違いから委託の内容、管理会社を選ぶときのポイントをご紹介しています。

第9章では、空室対策についてのコツをお話します。利回りやキャッシュフローに直結する不動産経営にとって最も大切な要素となります。

第10章では、空室やリフォームをはじめ、災害など運営していくうえでのリスクがテーマです。不動産投資には様々なリスクがありますが、それをヘッジする仕組みも整っています。

第8章
〈管理運営〉

忙しいサラリーマンでも物件の管理はできますか？

Q47　自主管理・委託管理どちらがいいですか ／ 136
Q48　管理会社はどんな仕事をしてくれますか ／ 136
Q49　入居者からのクレームは
どのように対応しますか ／ 139
Q50　管理会社を変えたくなったら、
どうすればいいでしょうか ／ 140
Q51　管理会社にはどんな会社がありますか ／ 141
Q52　管理会社の選び方を教えてください ／ 144

Q47 自主管理・委託管理どちらがいいですか

物件を購入し、賃貸経営をしていく場合、物件管理を自主管理で行う場合と、管理会社などの業者に管理委託をする場合があります。

管理といえども、やることは広範囲にありますので、本業のあるサラリーマンの方は、管理会社に管理委託をされる方がよいでしょう。

Q48 管理会社はどんな仕事をしてくれますか

管理会社に管理委託をせずに、すべて自主管理で運営した場合は、どのような仕事をしないといけないでしょうか？

まず、部屋の入居者を募集するための客付け会社への依頼があります。そして、家賃の回収といった集金業務を行います。滞納があれば督促などを行うのも管理会社の仕事です。

退去者が出るとその立会いや清算、原状回復工事の手配をします。

その他、建物の修繕を業者に発注したり、エレベータの点検や消防設備の点検など、それぞれの業者に発注をします。そして、物件清掃のため、清掃業者へ依頼をします。

また、エントランスや廊下、階段など共有部分の電球切れといった日常の小修繕や、入居者からのクレーム対応もします。さらに、なにか事故などの緊急事態が起こったときの緊急対応もします。

これらを自主管理の場合は、すべてオーナーがやるわけですが、10戸を超える規模の物件になると大変です。

物件を5棟から10棟所有すれば、もう、サラリーマン大家さんの片手間で管理運営をするのは難しいでしょう。

さらに、物件の場所が、遠隔地になるケース、もしくは一か所だけではなく、地方のあちこちに複数所有されていれば、自主管理はより一層困難になります。

管理会社に管理委託をすれば、これらの仕事をすべて引き受けてくれます。

また、管理会社が連絡窓口となりますので、オーナーにいちいち問い合わせや連絡が来ることはありません。

管理会社からは毎月ペーパーで報告書を受けとるだけになりますので、とてもラクになります。

すべての管理会社ではないですが、家賃引き落としサービスを行っている会社もあります。

家賃の支払い方法は一般的に振込が多いですが、引き落としにすることで入居者の入金忘れによる家賃の滞納がなくなります。

この家賃引き落としサービスでの管理会社の仕事は、銀行に各入居者さんの引き落とし伝票を提出することです。

督促などの手間がなくなり、管理会社としてもメリットがあります。

管理委託される場合の手数料ですが、家賃収入の5％が一般的な相場だと思います。安いところだと3％のところあるようですが、5％のところが多いと思います。

Q49 入居者からのクレームはどのように対応しますか

最近ですと、コールセンターを設置している管理会社もあります。トラブル用のコールセンターとリーシング用のコールセンターの2つがあります。

トラブル専用のコールセンターは、24時間、入居者からの苦情や緊急連絡に対応しています。リーシング専用のコールセンターは、24時間対応ではありませんが、全国の仲介業者から一斉に管理会社に問い合わせが集中するとパンクする可能性があるので、ある程度コールセンターで交通整理をしてくれます。

リーシング専用のコールセンターでは、電話で入居がスピーディーに進むように、入居の申込みまで受け付けしてくれます。

8章

その後の審査や契約手続きは管理会社が担当することになります。

入居者に火災保険に入ってもらうことを条件にしている場合、その手続きも管理会社が行うことが多いです。

最近ですと、家賃保証の保証会社への申込みと火災保険の申込みがセットになっていて、一つの申込書で両方の申込みができるようになっています。

また、手続きの効率化ということで、火災保険は自動更新になっているので、2年経過して更新手続きを忘れるということも起こりにくくなりました。

Q50 管理会社を変えたくなったら、どうすればいいでしょうか

まず管理契約書を確認しましょう。

中古の物件を購入した場合、それまでその物件を管理していた管理会社にそのままお願いするケースが多いです。

物件の状況がわかっていますし、また、入居状況や個々の契約についても把握しているはずですので、引き継ぎがスムーズにできます。

ただ、しばらくしますと、その管理会社の仕事ぶりや客付けに疑問や不満を持つようになり、新たな不動産管理会社を探すというケースが多くなるようです。

そういう場合は、管理契約書の内容をよく確認します。「半年前に前もって契約解除の申し出をすること」という内容が入っている場合は、それに従う必要があります。

Q51 管理会社にはどんな会社がありますか

管理会社にもいろいろなタイプがあり、古くから地元密着型でやっている古参の管理会社や、全国展開しているミニミニ、アパマンショップ、エイブルといった大手業者もあります。

管理を専門でやっている管理会社には、入居済みの部屋の家賃に対して5%の管理手数料をもらうところが一般的です。

たとえば、10部屋あるRC一棟マンションで、6部屋しか入居していない場合、その6部屋分の家賃に対して5％の管理手数料をもらうという仕組みです。

しかし、管理会社の中には、10部屋のうち6部屋しか入居していないのに、満室時（10部屋）の家賃収入の5％を手数料としてもらう契約のところがあります。

前者の場合は、自分たちの管理手数料を増やす観点からも、必死で空室を埋めようと営業努力を続けてくれますが、後者の場合は、埋まらなくても、管理手数料が変わらないので、あまり営業に熱心でないところが多くなります。

先述した通り、基本的には、中古物件を購入したお客様は、その物件を管理していた管理会社を継続して使うケースが多いです。

また、収益物件専門の仲介業者の中にも管理部門があるケースもあります。売買仲介を担当したということで、元々の管理会社について物件の情報を把握していますから安心もできます。

ただし全国対応をしている会社は少ないですし、関東圏など地域を限定して管理しているケースがほとんどです。管理については、売買の仲介の片手間に不動産管理をやっている会社もあります。

そのため、やはり管理業務に特化した管理会社の方が、きめ細かく管理をやってくれますし、空室対策についても熱心に対応してくれる会社が多いと思います。

結局、どういった会社がよいかは一概には言えませんが、決めるポイントとしましては、先ほどの客付け力や物件管理のきめ細かいサービスなどがあげられます。

大手賃貸仲介業者の子会社の方が、必ずよいわけでもないですし、地場に強い管理会社でも、良いところや悪いところもあります。

中には、水戸市のように2社の地元密着型の客付け業者でないと空室を埋められないといった特殊な地域もありますので、しっかりリサーチしてください。

それから、物件のオーナーとの相性もあると思いますので、いろいろと情報収集する必要があると思います。

Q52 管理会社の選び方を教えてください

管理会社を選ぶポイントは、空室を埋められる集客力や営業力があるかということです。

管理会社によっては、部屋の募集情報を他の仲介業者に流さず、自分のところだけで囲い込んでしまうケースがあります。つまり、客付けを自分のところだけで独占してしまうため、他の仲介業者は募集をかけることができません。

賃貸募集というのは、できるだけ幅広く情報を拡散しなくてはいけません。

それというのも、かつては、まず客付の仲介業者の店舗に訪れて、空室の情報収集をするのが一般的でしたが、インターネットやスマホの普及によって部屋探しの方法が大きく変化しました。

部屋を探しているお客様は、昔のように近隣の不動産業者を訪ねて足で探すというスタイルではなく、インターネットから賃貸情報を絞り込み、気に入った物件をチェックして、それを扱っている業者に連絡してから訪問するケースが多くなっています。

ですから、管理会社で募集情報を囲われてしまうと、そういったインターネットから賃貸情報を探しているお客様にヒットする確率が減少してしまうので、注意が必要です。

集客力がとても強い管理会社であれば問題ありませんが、そうでない場合は、なかなか空室が埋まらないといったことも起こります。

また、客付けをする仲介業者や管理会社は、家賃保証をしてくれる保証会社と複数契約しているところがあります。

中には、10社程度の保証会社と業務契約しているところもあります。そういった保証会社の中には、バイトだけで定職のないフリーターを保証してくれるところや、外国人を専門に保証してくれるところがあります。

そのような保証会社を使い分けることにより、顧客層を拡げ、なかなか空室が埋まらないような物件にも客付けできるわけです。

いずれにしても、管理会社を選ぶポイントとしましては、まず、空室を埋めてくれる集客力の強い管理会社がお勧めです。

"物件管理のプロ"からのアドバイス

(株)ＭＴＫ管理部　Ｓさん

■管理会社と円滑に付き合う方法

一般的に、管理会社が苦手に思う不動産オーナーは「高圧的に、細かいことをつつく人」です。たとえば、廊下の電気が切れているとします。かかった費用と作業前後の写真を撮ってくれという要望をいただくことがあります。それ以外にも、空室がある部屋に対して毎週レポートを出すように言われることもあります。

これが大規模修繕であれば作業前後の写真も必須だと思いますし、一斉退去があり空室が大幅に増えたときにレポートを出すのもわかりますが、1万円程度の作業の写真や、1室の空室に対してのレポートは、管理会社にとって負担になるケースが多いのです。

というのも、会社によっては管理部門が1人のところもあります。また、管理会社から工務店や設備業者、清掃業者に業務を依頼しているケースも多く、管理を締め付けると物事がうまくいかなくなる可能性が大きいのです。

当社の管理事例でいえば、3万円までは修繕をまかせる・・・といった、ある程度の裁量権を持たせていただくことで円滑に行っています。

また意見を言うばかりでなく、業者の意見を聞くことも大事です。相手が責任感を持った業者であれば提案があるはずです。その提案に聞く耳を持たずに空室を埋めろと言っても無理があるものです。とくに顧客だからといって上から目線で話をするのは禁止事項といえます。

とくに地方の管理会社では、その地域独特の慣習もあれば、地元業者同士のつながりも強いものです。これまで、ちょっとした修繕や物件を見てもらうことを無料でやってくれていた業者に対して、「写真がわかりにくいから撮り直してほしい」とお願いした場合では、「二度目からは出動費用をもらいます」と余分にコストがかかるケースや要望が多いということで単価が上がることもあります。

さらに「御社からの依頼は受けたくありません」と断られるケースもあるのです。地方投資ではそれが致命的になります。

度が過ぎれば、実際の管理業務以外にオーナー対応に時間を割くということは結果的に、管理業務や空室対策に時間が割けなくなります。方針を決めるのはオーナーの役目ですが、細かい部分はプロに任せるのが賢明だと感じます。

第9章
〈空室対策〉

物件の稼働率をあげる方法を教えてください

Q53　入居募集はどのように行いますか　／ 148
Q54　空室が続いた時に
打つ手を教えてください　／ 149
Q55　コストをかけずに空室を埋める方法は？　／ 152
Q56　家賃を下げずに空室を埋める方法は？　／ 153
Q57　入居者に長く住んでもらうためには
どうすればいいですか　／ 155

Q53 入居募集はどのように行いますか

入居募集ですが、複数の仲介業者を利用する場合、自主管理ですと、いちいちすべての業者に連絡をとらないといけないため、とても大変です。管理会社に任せてもらえば、物件ごとに業者リストを作成し、依頼から諸連絡まで、全て管理会社がきめ細かく対応します。

さらに他のオーナーの物件募集も行っているため、仲介業者との関係も親密ですし、客付けに関する様々な有益情報も入手できますので、オーナーにそれをフィードバックしています。

また地場の会社であれば、地元のお客さんがそのまま入居対象ですが、遠隔の管理会社の場合は現地の仲介業者さんに募集のお願いをするのがメインです。

やり方としては「ＳＵＵＭＯ」や「アットホーム」などのポータブルサイトから、

そのエリアの仲介業者を一覧で出せるのですが、これらをリスト化して全てに電話をします。

このようにアナログなやり方で「新しく部屋が空くので紹介いただけませんか」という電話をします。

その物件のポイントを伝えるのと同時に、募集図面もメールやFAXで送ります。物件の近所にはどのようなお店があるのかを細やかにピックアップして、広告費を含む募集条件にも柔軟に対応して客付けをお願いします。

基本的にはその管理会社が東京にあろうが、地元にあろうがやることは同じです。

Q54 空室が続いた時に打つ手を教えてください

様々な方法がありますが、家賃の見直しやADの増額の検討をします。さらに営業エリアを広げるという3つが主になります。管理会社から提案があればいいのですが、ない場合はオーナーから提案をしてみましょう。

以降、詳しく解説します。

・家賃の見直し

まず家賃の見直しでいえば、その近隣にあるアパートの成約事例を調べます。意外と知られていないようですが、不動産業者向けのサイト「ＡＴＢＢ」サービスの１つで、成約が決まった事例を探すことができます。

所有する物件と類似の物件・築年数の成約事例を調査します。管理会社がこのサイトを使えれば調べてもらってください。「ＡＴＢＢ」は日本中のどのエリアにも対応しています。

・ＡＤの増額

ＡＤというのは広告費のことです。家賃１か月単位で支払うもので、その地域によって相場があります。ＡＤの増額の検討は業者向けサイト「レインズ」（不動産業者間ネットワーク、売買情報、賃貸情報が記載されている）にある、他社さんの募集図面を見るとＡＤの相場を把握することができます。

もしくは現地の仲介業者にヒアリングします。「最近このエリアはＡＤ２の物件が多いです」と聞いたなら、オーナーには「攻めるためにもＡＤ２・５でどうですか？」と提案しています。まず相場を調べて、そこに合わせるか、それより少し上を載せるような形で行うのが効果的です。

なおＡＤは管理会社と仲介会社でわけるケースが多いですが、管理会社からすべて仲介業者に支払ってもらう方が効果が見込めます。

・エリアを広げる
その他には仲介会社のエリアを広げてリストを更新します。地方で賃貸仲介業者の数が少ないときは、隣の大きな駅まで守備範囲を広げます。場合によっては隣の市まで広げます。

東京で例えると新宿や池袋などターミナル駅のある街です。おそらく地方都市にも同様のターミナルの役割をする駅があると思います。もしくは数キロ先の商業圏までエリアを広げます。

Q55 コストをかけずに空室を埋める方法は？

ジモティー

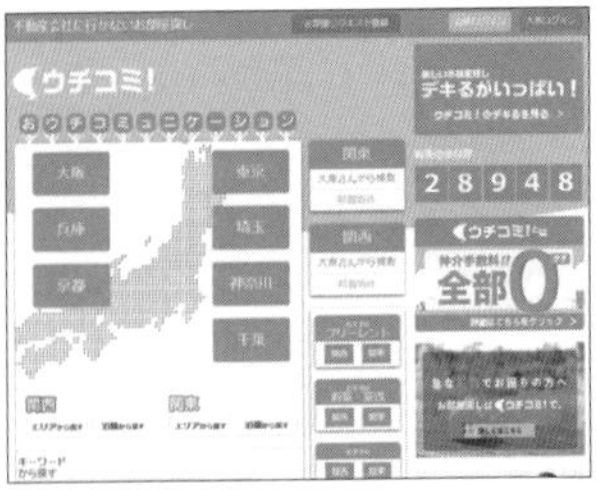

ウチコミ

コストをかけずに空室を埋める方法は、先述した仲介業者を使わない方法です。いくつかオーナーさんが直接に募集する方法があります。賃貸募集サイト「ウチコミ」では、オーナーが直接物件情報の入力を行い、入居者希望者にアピールすることができます。

これならADを払わず、仲介手数料をオーナーが負担するだけで決めることができます。

他にもご近所掲示板「ジモティー」では、地元に関係する情報であれば、何でも掲載できるのですが入居募集もできます。

こちらも「ウチコミ」同様にオーナーが集客する体裁になり、この場合も直接契約する人もいれば、管理会社を通して契約することもできます。仲介業者を省けるのでADがありません。直接契約を行うのであれば仲介手数料も不要です。

このようにAD分のコストを割いて、直接募集するのに向いている物件の特徴としては「安い」ということ、つまりお金のない人が探している物件です。そのため低価格帯の物件を持っているオーナーに向いている手法です。

Q56 家賃を下げずに空室を埋める方法は？

ありきたりですが、設備の人気ランキングで上位のものを取り入れます。

単身者用の物件にはWi-Fiを、ファミリータイプなら追い焚き機能の付いたお風呂を導入するのが最も効果があります。

入居者に人気の設備ランキング2016

単身者向け物件	
順 位	設 備
1 (→1)	インターネット無料
2 (→2)	エントランスのオートロック
3 (→3)	浴室換気乾燥機
4 (→4)	ウォークインクローゼット
5 (→5)	ホームセキュリティ
6 (↑外)	独立洗面台
7 (↓6)	追いだき機能
8 (↑10)	宅配ボックス
9 (↓8)	防犯カメラ
10 (↑外)	24時間利用可能ごみ置き場

ファミリー向け物件	
順 位	設 備
1 (↑4)	インターネット無料
2 (↓1)	追いだき機能
3 (→3)	エントランスのオートロック
4 (↑7)	ホームセキュリティ
5 (↓2)	システムキッチン
6 (→6)	浴室換気乾燥機
7 (↓5)	ウォークインクローゼット
8 (↑9)	太陽光パネル(入居者個別売電)
9 (↓8)	床暖房
10 (↑外)	防犯カメラ

※( )内は前回ランキング・外はランク外

・全国賃貸住宅新聞調べ(全国238社の仲介・管理会社が回答)

全国賃貸新聞で毎年発表されている「入居者に人気の設備ランキング」の上位5位までの中で、なるべく費用対効果が良いものを選ぶようにします。

ターゲットが女性であれば、TV付きモニターホンや防犯カメラの設置も多少は効果があると思います。これはセキュリティー面で、「快適に過ごせます!」とアピールすることができます。

ちなみにWi-Fiの業者さんと上手にやり取りすれば、防犯カメラがオプション扱いで安く頼めます。これらを導入できれば効果がありますが、全てとなると高くつくので、できるだけコストが安いものから選んでいきます。

Q57 入居者に長く住んでもらうためにはどうすればいいですか

トラブル対応を丁寧にする、更新料をもらわない、あるいは値下げすることで退去を食い止めます。

・トラブル対応を丁寧にする

昨今は24時間対応というものが増えており、これらは全て外注になりますが、どこの業者さんでも緊急度により、エアコンであれば「ＯＮ・ＯＦＦを確認してください」「ブレーカーを落としてください」と電話口で適切な対応をしてくれます。

本当に「水が出ない（止まらない）ので来てください！」といった緊急事態になると、業者を手配してすぐに駆けつけさせます。

この場合の料金は、入居者の過失の割合にもよります。経年劣化で壊れた場合なら入居者さんは無償ですが、故意で壊したら自己責任なので支払ってもらいます。

支払いは入居者次第なのですが、素早い対応をすると入居者から好評価を得られます。

・共有部分をキレイにする
共有部分をはじめ、玄関などをキレイにしておくと評判が良くなりますから、定期清掃は最低でも月1回は必ず入れた方がいいと思います。

清掃の頻度は物件の築年数にもより、まだ新築はいいのですが、中古や築古物件で汚いと、最初のうちに改装しておくのがいいでしょう。これは現地で業者さんに見積もりを取るときに、一緒に見てもらえばいいと思います。

遠隔の場合は、現地の業者さんに確認をしてもらい、写真付きのレポートを送ってもらいます。

・更新料
更新料とは賃貸借契約の更新時に入居者がオーナーに対して支払います。例えば都心のような好立地なら、いまだに更新料を当然のように取っていますが、エリアによって慣習が異なります。

簡単に言えば、オーナーが優位の立場であれば更新料を取ります。人口の多い都心なら、「あなたが退去してもまだ次がいるから」と、強気に出られるのでしょう。

そのような状況で、少しでも長く住んでもらいたいのなら、他よりもお得にすることです。

もしも、みんなが更新料を取っていないエリアなら取らずに、逆に、更新ごとに商品券を1枚あげるなどプラスを与えるようにします。

ちなみに地方によっては更新料を取らないケースも多いです。例えば、かつての関西ですと補償金が高額でした。今ではそれが減って、更新料も1万円くらいまで下がっています。手数料の感覚で少しだけ取るのが増えました。

このように、いかに仲介さんに動きやすくしてもらうか、「この物件はやりやすい！」と思ってもらえるかを大切にします。

第10章〈リスク・トラブル〉

不動産投資には どんなリスクが あるのでしょうか？

Q58　空室が続いたらどうしたら良いでしょうか ／ 160
Q59　所有物件で
入居者が亡くなったらどうなりますか ／ 161
Q60　不意の出費には何がありますか ／ 162
Q61　急に修繕が発生したときは、
どのような対応をしますか ／ 166
Q62　家賃滞納が起きたらどうしたらいいでしょうか（保証会社） ／ 167
Q63　問題入居者がいたら
どうすればいいでしょうか ／ 170

Q58 空室が続いたらどうしたら良いでしょうか

不動産投資のリスクをいろいろと書きましたが、やはり、最も直面しやすいリスクは、空室リスクです。

購入する前に、競合する物件がどの程度あって、どのような条件で募集しているかをしっかり調査しておけば、購入時点で空室を埋められるかどうかの予想はできていたはずなのですが、不幸にも予想がはずれ、空室が埋まらないこともあります。こうなってしまいますと、どういう条件にすれば空室が埋まるのかと考えていくしかありません。

たとえば、「いろいろと条件を変えてみたが、それでも半年間も空室が続いてしまった」という場合は、部屋に家具を付ける、ペット可にするなどして、新たな賃貸の需要を掘り起こすやり方があります。

Q59 所有物件で入居者が亡くなったらどうなりますか

その他でいえば、賃貸物件特有のリスクとして、事故のリスクがあげられます。事故というのは、所有物件で自殺や殺人事件が発生することを指します。

賃貸では入居者に、売買では買主に対する告知義務があり、これを「告知事項」といいます。

入居募集時に明記されますし、事情も説明しなくてはいけません。そうなると、その部屋になかなか入居者がつきにくくなることがあります。

気になるのは物件の告知期間はいつまでなのか、ということですが、特に法律上の定めはありません。そのため、入居者が入れ替わったタイミングで告知事項を外すケースが多いです。

つまり、事故が起こったときには、相場よりもとくに値段を下げて入居募集を行い、その入居者が退去したところで相場を戻すのです。

人が亡くなった部屋に住みたい人がいるのかと心配されるかもしれませんが、とにかく安く住みたいという入居者は必ずいるものです。

割り切って住む人もいますし、ニュースになった事件であっても外国人であれば知らないこともあり、告示事項があっても気にせず入居するケースもあります。

Q60 不意の出費には何がありますか

物件を購入した後で設備が急に壊れて、その修繕のために思わぬ多額のお金がかかるようなことがあります。

まず行うのは購入の時点で修繕履歴をよく確認すること。

また、物件見学時に信頼できるリフォーム業者に物件調査への同行を依頼して、屋上防水や外壁の状態をよく見てもらっておけば、ある程度は不意の大規模修繕の発生を防げます。

それでも給排水管のように見えない部分や、見えづらい設備が壊れたりする可能性はあります。

こういうことは完全に防ぐことが不可能ですから、大規模な出費に備えてキャッシュフローをプールしておくしかありません。


さて、このように不意の修繕に対して、瑕疵担保責任が及ぶかどうかについてお話します。

中古物件で売主が業者の場合は、瑕疵担保責任が2年付きます。

この瑕疵担保責任がどこまで及ぶのかということですが、基本的には、主要構造部分までしか及びません。たとえば、シロアリにやられていたり、雨漏りがするといった建物の主要構造部分に対して、売主が業者の場合だと、最低2年間は認めることになっています。

その他の主要な構造部分ではないところだと、瑕疵なのか経年劣化なのか判別がつ

10章

きにくいことから、主要な構造部分のみと法律で定められているようです。

この主要な構造部分とは、屋根や柱、そして土台などになります。

RC造の物件ですと陸屋根のところが多いので、屋上防水が切れていると、雨水が漏水するといったケースが多々あります。

これがカリスマの不動産投資家ともなれば、承知した上でその修繕費分、安く買いたたいて購入される方もいらっしゃいます。

物件の売主が業者の場合では、最低2年間は瑕疵担保責任を負わなければならないので、一般的に屋上防水などに問題があり、売却後に漏水する可能性があるときには、最初の時点で屋上防水の工事を済ませて売却することが通例となっています。

ただ、中古物件で売主が個人の場合ですと、売買契約書で瑕疵担保責任が免除されているケースが多いので注意が必要です。

買主側から交渉して、瑕疵担保責任の期間を3か月つけてもらえるケースも多いです。

とにかく、中古物件で売主が個人の場合は、瑕疵担保責任は交渉次第ということになります。

今は「瑕疵担保責任は免責でないと売らない！」という売主さんも多いです。

というのも現在の不動産市況はとても活況で、RCなどの人気物件は品薄状態です。

こういう需要と供給のバランスの場合だと、売り主側の立場が強くなり、売り手市場となっています。

ですから、優良物件の売り情報が入ってくると、1時間で10件ほどの買い付けが寄せられます。

誰と契約をするかは売主の自由ですが、基本は一番手、二番手に買い付けを入れた人となります。あとは早くローンが付いた買主ということになります。

このように、今は売主が買主を選べる状況にありますので、瑕疵担保にこだわっていると、交渉相手から除外されてしまう可能性が高いです。

売り主側としても、少しでも自分に有利な条件で契約を求めてくるものです。昔ですと、「鬼のような指値で安く買いたたく！」といった大家さんがいらっしゃいましたが、今は、買主の方から、指値をして値引きすることが非常に困難な状況です。

そのため、物件調査時に建物の状態をしっかり確認しておくことが重要となります。

Q61 急に修繕が発生したときは、どのような対応をしますか

最近の管理会社の対応を紹介します。

まず24時間コールセンターが対応して、その後に適宜修繕を行います。

緊急対応が多いため、軽微なものに関しては入居者の満足を優先してすぐに動きます。高額なものに関しては、とりあえず応急処置だけをして見積もりを取り、オーナーと相談をします。そこで補修になるのか、交換だけで済むのかなど、何タイプかを提案して決めていきます。その線引きとなる金額が3万円です。

このやり方は距離に関係なく、同じ東京の区内でも、あるいは遠く北海道であっても、同じように対応が可能です。

つまり、自主管理でなければ、オーナー自身が入居者と直接対応することはありません。また、知らないうちに巨額の修繕費用を請求されることもありません。

Q62 家賃滞納が起きたらどうしたらいいでしょうか（保証会社）

入居者による家賃滞納も、大家さんにとっては頭の痛い悩みになります。基本的には、入居者を審査する時点で滞納するような人を排除するしかありません。

家賃滞納が起きたら、基本は管理会社に解決してもらうことになります。現在は、入居時に家賃保証会社に加入することを必須としているところも多いようです。

もしも家賃滞納が起こった場合、保証会社に代位弁済請求をすることになりますので、オーナーへの送金は滞らないようになっています。

そして、代位弁済後は、保証会社の方で入居者へ督促し、家賃を回収していくことになります。

もし、保証会社に加入していなかった場合は、管理会社が督促をします。

督促をする場合も、一応のルールは決めてあります。弊社の場合ですと、1か月目の滞納が発生すれば、電話もしくは郵便での督促を行います。

2か月目に突入しますと、入居者と保証人の両者に電話、もしくは郵便で督促することになります。

3か月目に入りますと、内容証明郵便という形で、法的にかなり厳しい言葉を使って入居者と保証人に督促させてもらうことになります。ここまで来ますと、完全に入居者との信頼関係は崩れてしまいます。

それでもダメな場合は、回収専門業者という名前の司法書士や弁護士がやっている法律事務所に回収の依頼をかけることになります。

一般的に管理会社は、一社だけしか家賃保証をする保証会社と取引をしていないことが多いのです。しかし、中には、複数の家賃保証の保証会社と取引をして、入居者の層を拡げているところもあります。

たとえば、アルバイトしかしていないフリーターを専門に家賃保証をする会社や、外国人専門に家賃保証をする会社がありますので、そこを使うことで、今までなら対象外であった入居者の層を拡げることができるわけです。

外国人専門の保証会社の中には、英語の翻訳や通訳サービス、入退去のサポートまでしてくれる会社もあるようです。

管理会社の中には、10社以上の保証会社を取り扱っているところもあり、なかなか客付けできない部屋でも保証会社を活用することにより、空室を埋めているようです。

ただし、過去にも外国人専門に家賃保証をしてくれた保証会社はありましたが、不景気などで倒産してしまい、結局、家賃保証の契約を履行してくれなかった例がありますので過信は危険です。


一般的にクレームが多い人ほど家賃を滞納することが多いイメージがあります。

いろいろと難癖をつけて、要求はよくするけれど、自分のお金は払いたくないという人たちです。

生活保護を受けている人は、公的保障で家賃が支払われるので、家賃の滞納はないと思われています。

たしかに市役所から直接家賃が振り込まれている場合なら滞納はありません。

ただし、役所から直接振り込むには、本人の承諾が必要なのです。本人が、「自分で支払いますから！」と断った場合には、それはできません。ですから、現実には生活保護を受けている人でも家賃滞納の可能性があります。

Q63 問題入居者がいたらどうすればいいでしょうか

入居者の中には、騒音や異臭、近隣に迷惑をかける問題入居者がいることもあります。先ほどの家賃を滞納する人も問題入居者の一人と言えます。また、難癖をつけ、クレームや要求がやたらと多い人も大家さんにとっては頭の痛い入居者になります。

中には、廊下や階段などの共有部分に私物の荷物を置いて、消防法上、問題になることがありますし、ゴミの出し方で決められたルールを守らず、迷惑をかける入居者さんもいます。一番困るのが反社会勢力の方が入居されているケースかもしれません。

こういう場合も、管理会社がメインで解決していくことになりますが、なかなか一発で早期解決というわけにはいきません。

たとえばゴミの出し方で、燃えるゴミと燃えないゴミを出す日が決められているのに、そのルールを守らない入居者さんもいます。

こういう場合は、その建物に入居されている方全員に対する注意事項として、貼り紙をすることになります。

その問題入居者さんをあまり刺激しないように、入居者さん全体の問題として注意書きを貼りだします。

「最近、ゴミの出し方が悪く、散乱して汚くなることがありますので、皆さんよろしくお願いします」という感じです。

これを根気よく続けた結果、自転車の置き方が散乱していたのが直ったケースもあります。これでも治らない場合は、少しずつ注意対象者の範囲を狭めていきます。

たとえば、「2階にお住まいの入居者様の中で・・・」という風に、住んでいる階を絞り込んで注意喚起をしていくのです。

それでもダメな場合なら、直接電話をして注意することになります。電話をして、はじめて、「自分のことだったんだ！」と気付かれる入居者さんもいらっしゃいました。

騒音により周りに迷惑をかけている入居者さんに注意をする場合も、いろいろと気を遣います。

たとえば、その部屋の真下の入居者さんから音が響いてうるさいというクレームがあったとしても、どこからクレームがあったかを言ってはなりません。「周囲の方が、そうおっしゃっていました」と伝えるだけで、どこからのクレームかは言うべきではありません。

とにかく入居者様への注意喚起は、いろいろと配慮をしてあげた方がうまくいくことが多いのです。

駐輪場の使用マナーの場合も、バイクの置き方が悪いと直接、本人へ口頭で注意するよりも、まずはバイクに貼り紙をします。「所定の場所へ置いてください」という感じです。

あとは清掃の人に毎回、そのバイクの置き方を見てもらい、注意事項を守っていなかった場合は、日付や時間などをしっかりと記録してもらいます。できれば証拠として写真を撮っておくこともよいでしょう。

どうしても注意事項を守ってもらえなかったら、記録や証拠を本人に突きつけて理解を得たというケースもあります。

とにかく、できるだけ直接的ではなく、本人自らが気づくように注意喚起に工夫していくことが大切です。

最終的な段階として、問題入居者を強制的に退去させられるかどうかについてですが、旧法による借家契約ですと、借りている人の権利がとても強いので、退去させる正当な事由でもない限り不可能です。

正当な事由とは、「賃貸人（オーナー）がどうしてもそこに住まなくてはならない」「建物が著しく老朽化して居住するには危険」といったやむをえない理由で、それを証明しなければなりません。

たとえ、正当な事由があったとしても、その手続きに6か月はかかります。なかなか、問題入居者さんがいる場合、解決には時間がかかりますので、管理会社を通して、弁護士などのプロと相談しながら粘り強く解決策を探っていくしかありません。

こういったトラブルの可能性は、どんな物件にもありえることです。いざというときのためにも、賃貸経営のパートナーである管理会社選びは慎重に行いましょう。

STEP3　解説動画

STEP3のまとめを
著者の峯島忠昭より動画で
わかりやすく解説します。

⇩

http://mnsm.jp/newkyoukasyo3

スマホからは
QRコードで！

STEP4
売却・拡大編

STEP4〈売却・拡大編〉では、1棟目を購入した後、どのように投資を進めていくのか。出口の考え方や買い進めのコツ、そのために必要な法人設立についてをテーマとしています。

◆第11章「出口戦略はどう考えますか?」

◆第12章「2棟目へ買い進めるための秘訣を教えてください」

◆第13章「個人と法人ではどちらが有利ですか」

第11章では、売却をテーマとしています。必ずしも売却をする必要はありませんが、上手に売却をすることでステップアップも可能です。

第12章では2棟目以降をどう買っていくか。1棟目は買えたものの、その先へ進めないサラリーマン投資家が多くいます。そうならないためにはどうすればいいのかをお伝えします。

第13章は法人化について。サラリーマンが法人を持つことによるメリットをはじめ、「会社にバレないか」という懸念事項まで解説します。

第11章〈売却〉

出口戦略はどう考えますか？

Q64　売却はどのようなタイミングで行いますか（譲渡税、市況など）／178
Q65　高値で売るにはどうしたらいいでしょうか／180
Q66　瑕疵担保免責という物件を見ますが、これはどういう意味でしょうか／183
Q67　売却時の注意点はなんでしょうか／184
Q68　売却時にかかる費用は何がありますか／186
Q69　築古物件は売却できるのでしょうか／189

Q64

売却はどのようなタイミングで行いますか（譲渡税、市況など）

一口に「不動産投資の出口」と言ってもいろいろな考え方があります。

たとえば、1億円の物件を自己資金ゼロで、銀行からの30年ローンで買ったとします。30年経ってローンを完済すると、「もう、いくらで売っても構わない！」ということになると思うのです。

1億円で買った物件が30年経過して、5000万円で売却したら、計算上は5000万円の売却損となります。しかし、先ほどのように自己資金ゼロの30年ローンでその物件を購入したとなると、じつは、「5000万円分、得をした！」と考えることもできます。

それではどのようなタイミングで売却すればいいのでしょうか。

2020年の東京オリンピックが決まり、今、東京は都心を中心に不動産ブームとなり過熱気味です。

このまま値上がりが続くと予想されますので、東京オリンピック開催前までに売却をするのが、良いタイミングになるのではないでしょうか。

もちろん、それぞれの投資家のライフスタイルにより、売るタイミングの考え方も違ってくると思います。

それこそ、相続や節税対策などケースバイケースの話になってきますので、どれが良いとは決めつけられません。

ただし、新築の区分所有マンションを販売業者から買わされた場合などは、まず、キャピタルゲインは難しいですし、なかなか希望価格では売れないので、売却のタイミングをどうすればよいかの判断は非常に難しいです。

たとえば、東京都心で新築の投資用マンションを3000万円で買わされたとします。売却の査定を出したところ、1000万円しか出ないとなれば、2000万円の含み損失を抱えたことになります。

Q65 高値で売るにはどうしたらいいでしょうか

そうすると今後、物件を買い進めていく上で非常に不利になるはずです。

銀行に融資をお願いしても、銀行は、審査をする上で依頼人の資産査定をしますので、2000万円の含み損失があれば、これを上回る金融資産か、他の資産を持ち合わせていないと債務超過とみなされ、一般的に新規の融資をしてくれません。

ですから、次の物件を購入するまでに、損切りのタイミングを図り清算していかないと、銀行から借入ができない可能性もあります。つまり、売らないと買い進めなくなるということです。

もちろん、属性がとてもよいサラリーマンの方であれば、たとえ債務超過であっても、新規融資をしてくれる銀行はあります。ただし、一般のサラリーマンの方ですと、非常に厳しいはずです。

不動産投資をする方は、やはり、利回りを重視する方が多いです。

投資物件なので、当然それに投資したらいくらで回るかが、一番の関心事です。

利回りの高い物件は、基本的に「入居率が高く、稼働率が高い物件」です。

それには、まず入居率を高くしていく努力が必要です。

実力のある管理会社と組んで、日々稼働率を上げながら、入居率を高めていくのが最善策となります。


これが、半分空室といった状況ですと、いくら高く売りたくても、賃貸のつかない物件と見なされ高く売ることができません。

あとは、修繕やメンテナンスをこまめに行い、少しでも建物の状態をよくすることです。これらの修繕してきたことを記録して、修繕履歴を作成しておくことをおすすめします。

屋上防水や外壁塗装など、お金のかかる大規模な修繕を、売却直前に行うかどうかはケースバイケースですが、一般的には屋上防水も外壁塗装も10年毎に行うなど、建物の劣化を防ぐ修繕は計画的に行う方がよいでしょう。

売却直前に建物のエントランスなど改装工事を行い、物件の見た目をよくするためのお化粧工事をする売り手もいます。

ただし、これをやることによって高値で売れるかといいますと、そうとも言い切れません。

買い手の投資家は、物件を金融商品として見ています。

どちらかと言えば、物件の稼働率や入居率を重視する傾向があります。たとえ物件の見栄えがよく綺麗であっても、空室が多くて、なかなか埋まらない物件だったら購入をしたいという投資家はいません。

むしろ、ボロボロで見栄えの悪い物件でも、利回りが20〜30%もあれば、買われる投資家がいらっしゃいます。

また、屋上防水などの必要な修繕を長期間しておらず、雨漏りが起こる危険性があるため、工事をしてから売却したいが、売り手に資金余力がないため、できないというケースもあります。

こういう場合、売主が個人の場合は、瑕疵担保責任を免責で売りたいということも多いです。

いつ雨漏りが起こっても不思議ではない物件でも、買い主が現れれば売買は成立します。

ただし、こういった物件ですと、そのことを事前に買主に告知しておく必要があります。

「屋上防水をやっていませんので、購入後、直ちにやった方がいいですよ」と告知をするのです。

なお、リスクのある物件を購入される方は、ベテランで投資経験が豊富な方が多く、「そういった屋上防水は自分のところでやりますので、その分値引きしてください」と交渉してくる方も多いです。

Q66

瑕疵担保免責という物件を見ますが、これはどういう意味でしょうか

「瑕疵（かし）」とは見えない欠陥のことで、「担保」とは、もしもの時に補償すると

いう意味です。

正式にいえば、「使用上当然に有しているべき性能などを欠く状態」を指します。雨漏りや構造の欠陥など、普通であれば容易に発見できない欠陥も含みます。

こういった瑕疵が発見された場合、売主が責任を負うのが、法律の原則です。しかし、双方の合意により、売主を免責とする契約も可能です。これが「瑕疵担保免責」です。

つまり、「万が一、欠陥が見つかったとしても補償しません」ということを、売買契約時に取り決めします。

これが業者となると瑕疵担保免責はできず、2年間の瑕疵担保がつきます。

Q67 売却時の注意点はなんでしょうか

物件を売却するときに一番大切なのは、仲介してくれる業者をしっかり選ぶことです。

どういう仲介業者に頼めばよいかと申しますと、まずは実績のある業者です。戸建ての場合なら、戸建ての売買において実績のある業者がいいですし、一棟もののマンションであれば、その売買を数多く手がけて実績のある業者が信頼できます。

そして、物件を査定してくれる人も、素人のような新人では不安ですから、これまた経験が豊富で信頼のおける人に査定してもらうのがよいでしょう。

そういった業者の探し方ですが、これは口コミや、『楽待』『健美家』などの不動産ポータルサイトに広告を出している業者の中から探す方法もあります。

もちろん知り合いの不動産投資家で、「売買をお願いした業者がとてもよかった！」と聞き、その業者を紹介してもらうのもよい方法です。

業者が決まっても、その会社にはたくさんの営業マンがいるケースがあります。営業マンといっても個々のスキルが違い、できる人もいればダメな人もいます。

また、その投資家との相性もありますから、営業マンと一度は面談をしてみて、会った感触で決めていくしかありません。

もちろん知り合いの方から優秀な営業マンを紹介してもらう手もあります。

余談ですが、何人もの営業マンを天秤にかける投資家よりも、「この人！」と決めた営業マンだけを全面的に信頼し、浮気をしない投資家の方が好まれます。営業マンも人間ですので、やはり力の入れ方が違ってくるかと思います。

Q68 売却時にかかる費用は何がありますか

売主側にかかる費用として、まず仲介手数料があります。

この仲介手数料ですが、国土交通大臣が定める制限に従い、その上限額である物件価格の3％プラス6万円が一般的です。

この「物件価格の3％プラス6万円」について少し説明をします。次の図のように、物件価格の200万円までは、5％の手数料となります。この5％の手数料と3％の手数料の差額は、4万円です。さらに物件価格の200万円を超え、400万円まで

仲介手数料について

物件の価格	手数料の率（上限）
200万円以下の部分	5％
200万円を超え400万円までの部分	4％
400万円を超える部分	3％

※上記に消費税が加わります

・出典：国土交通省
http://www.mlit.go.jp/totikensangyo/const/1_6_bt_000249.html

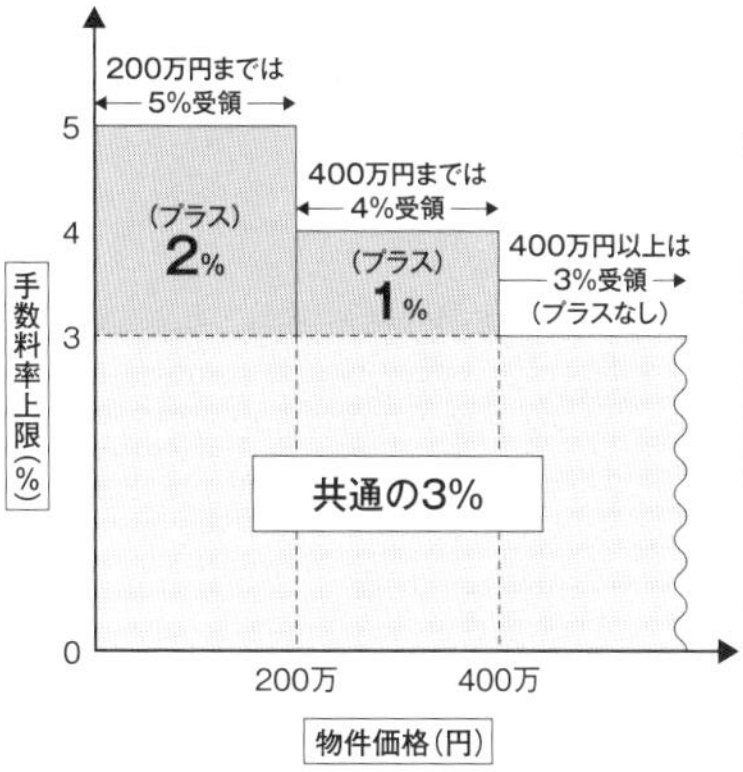

・1000万円の物件の場合

単純に

~~1000万円 × 3% ＝ 30万円~~

↓ ではなく

① 200万円 × 5% ＝ 4万円
＋
② 200万円 × 4% ＝ 2万円
（計6万円）

＋
② 600万円 × 3% ＝ 18万円

計　24万円
（消費税別途）

※□の部分は400万円以上の物件は共通となる

の部分に対しては、4％の手数料になります。この4％と3％の手数料の差額が、2万円です。それ以降の400万円超の価格部分に対しては3％の手数料です。

さきほどの差額部分の4万円と2万円を合計すると6万円となるわけです。言葉で説明するとわかりにくいので、次ページの図表をご覧ください。

仲介手数料の次にかかる費用としては、個人のケースでは譲渡所得税があります。

これは売却時に支払わなければいけない費用ではありませんし、

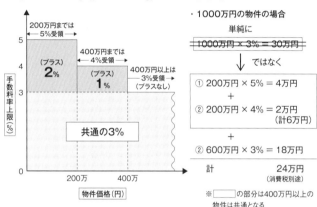

売却時にかかる費用の一覧リスト

仲介手数料	不動産会社に支払う仲介手数料
譲渡税	個人の売却によって売却益が出た場合は、所得税・住民税がかかる
登記費用	ローンが残っている時などの抵当権抹消登記費用、司法書士への報酬
印紙代	売買契約書に貼付する印紙代

そもそもキャピタルゲインが出ていなければ税金はかかりません。

個人の場合、基本的に5年をひとつの目処として、短期譲渡と長期譲渡に分けられ、もし短期譲渡でキャピタルゲインが出た場合、その所得に対して39％の税金がかかります。そして、長期譲渡でキャピタルゲインが出た場合は、20％の税金がかかります。

法人の場合は短期譲渡、長期譲渡の区分は関係なく、その年度の全体の決算において利益が出た場合に、決められた法人税を払うことになります。

銀行からの借入金を全額返済したあと、銀行の担保設定の抹消登記で司法書士へ払う手数料や登記税が発生することがあります。

その他、銀行からの借入金を一括返済する際、事務手数料を銀行に支払わなければいけないケースもあります。

とくに金利が10年や20年の固定金利であった場合は、中途解約に伴う違約金を請求されることもあります。

たとえば、不動産融資にとても熱心な地銀ですと、5年以内に返済すれば融資残高の2%がかかります。融資残高が1億円の場合ですと200万円かかることになるのです。

これらの中途返済に伴う違約金や手数料につきましては、各銀行により大きく異なってきますので、金消契約を結んだ時の約款や契約書などをよく確認してください。また、事前に銀行へ確認しておくことをおすすめします。

Q69 築古物件は売却できるのでしょうか

耐用年数を過ぎた古い築古物件でも売却はできます。

ただし、そのような物件は銀行の融資は通りづらいため、買主が現金で買える人に限定されてきます。あとは値段の折り合い次第でしょう。

とりわけ木造の収益物件ですと、耐用年数が少ないためか、築古物件は売りにくいと言われています。

木造は解体費用があまりかからず、更地にしやすいので売れるという話もありますが、現実は入居者が住んでいれば、解体して更地にすることがとても困難です。

全空の物件であればまったく問題はありませんが、中途半端に入居のある歯抜けの物件は売りにくいと思います。

一例をあげると、とても頑固なおじいさんが住んでいて、頑なに立ち退きを拒んでいる状況では、なかなか買い手がつきません。

賃借権を主張して出て行かない入居者がいる場合、立ち退いてもらうのは至難の業です。

賃借権とは、賃貸借契約に基づき、賃借人が契約の目的物を使用・収益する権利のことをいいます。

立ち退きをさせる場合には「正当な事由」といって、立ち退いてもらうための理由がなければいけません。

築古アパートでよくあるのは、物件の老朽化が進んで大修繕、もしくは建て替えなどを行わなければならないのがこのケースに当てはまります。

実際に、行政から勧告を受けて、建て直しを迫られている物件も存在します。

この場合は、相応の立退き料を支払うことにはなりますが、立退きをさせることができるケースです。

その他、貸主側に「その物件を処分せざるを得ない事情」があった場合も正当事由として考慮されます。

経済上の理由で、アパートの維持が難しくなった場合などがこれに該当します。

基本的に貸主から「出て欲しい！」という希望がある場合は、借主に対して、立ち退き料が発生しますが、中には立退き料が一切かからない場合もあります。

それは、借主が「お互いの信頼関係を壊すほどの債務不履行」を行っているケースです。具体的に言えば、次の通りです。

・家賃滞納
・契約時と違う用途で家屋や土地を使用している
ただし、家賃を支払わないといっても程度によります。たとえば「一度だけ指定日より一週間遅れた」というのは、債務不履行には認められません。基準となるのは「家主・借主間の信頼関係を壊す程度」ということで、数か月におよぶ家賃滞納がなければいけないのです。

このように立ち退きには手間とコストがかかります。

業者の中でも、立ち退くことを前提にこういった物件を好んで購入するところがありますが、結局、立ち退いてもらえず、歯抜けで売れない物件というのが、結構出回っています。

あと、訳あり物件とか事故物件と呼ばれる自殺や他殺が起きた物件は、売りにくいと思います。

値段との兼ね合いで、買い手がつくこともありますが、ただし、相場よりもかなり安く値段設定をしないと売れないと思います。

第12章 〈規模拡大〉

2棟目へ買い進めるための秘訣を教えてください

Q70　2棟目を買うにはどうしたらいいでしょうか ／ 194
Q71　規模拡大に向いている物件はどんな物件ですか ／ 196
Q72　まとめて複数棟買うことはできますか ／ 197
Q73　サラリーマンリタイヤするには何棟くらい物件があればいいでしょうか ／ 199
Q74　規模拡大するためにやってはいけないことを教えてください ／ 200

Q70 2棟目を買うにはどうしたらいいでしょうか

まずは一棟目を買うときに、将来何棟ぐらい買い進めるつもりなのかをあらかじめ決めておくべきです。

何棟まで買い進めるのかによってやり方も違ってきますし、途中でやり方を変えようと思ってもできなくなることがあるからです。

一般的には、3棟までなら個人で買い進めてもよいと思います。

融資を受けて不動産を購入する場合には団体信用生命保険を付けるのですが、その利用限度額が3億円と言われています。

ですから、属性のよいサラリーマンが不動産投資ローンなどを利用する場合、3億円までならスムーズに融資が出ることは多いです。

しかし、それ以上となると、銀行にもよりますが、急に審査が厳しくなるケースがあります。

もちろん、その人が銀行にとって重要顧客と認識され、支店としても積極的な対応方針をとっている場合なら別です。

しかし、それ以外の一般個人に対しては、銀行としての融資限度額が決められており、その範囲内でしか融資は出ないのが通例です。

もちろん、銀行によっても規模や体力が違いますし、それぞれの体力によって融資の基準や枠も異なります。

3棟以上買い進める予定があり、そのため、軽く借入金額が3億円を超えてしまうお客様には、資産管理会社などの法人を設立し、そこで借入をして不動産を買い進めています。

法人でしたら、団信の利用限度枠に関係なく、青天井とまでは言いませんが、その法人の業績や資産内容により、多額の借入金を受けられる可能性があります。

よって3棟以上、または3億円以上、あらかじめ買い進める計画がある方には、法人で買い進めることをお勧めしています。

Q71 規模拡大に向いている物件はどんな物件ですか

銀行の融資を利用して買い進めていくことになりますので、銀行が融資を出しやすい物件を買っていく方が有利です。

それでは、どういった物件なら融資が出やすいのでしょうか。

これは我々が決めることではなく銀行側が決めることです。

それぞれの銀行には、融資基準や担保評価の基準があります。つまり、その基準に合う物件を買っていくのが一番だと考えます。

奇妙な話ですが、我々の業界では、それぞれの銀行の基準に合った物件をどれだけ見つけることができるかが勝負になるのです。

いくら買主が気にいった物件でも、銀行の融資の基準に合わなかったり、評価が低いため融資を断られると売買は成立しません。ですから、規模拡大に向いている物件は、銀行が気に入って融資を出したい物件となります。

それでは、どういった物件なら銀行が気に入るのでしょうか。それぞれの銀行によって融資の基準や評価の基準が違いますので、こればかりは一概には言えません。

ただし、そういった情報を熟知した不動産業者や営業マンとタッグを組むことにより、物件を選定して、その物件にあった最適な銀行へ融資を申し込むことが成功への早道と言えます。

我々の会社も、日々、そういった銀行の情報を入手しながら、その銀行に合う物件を用意していますので、ぜひ相談していただきたいと思います。

Q72 まとめて複数棟買うことはできますか

たとえば、サラリーマンをリタイアすることが決まっていて、自分のサラリーマンとしての属性を利用できる最後のチャンスと、一気に複数の物件を購入したいという方もいらっしゃいます。

私のお客様の中には毎月一棟ずつ買い進め、一年で12棟購入されたお客様もいらっしゃいます。

もちろん、このようなケースが全てのお客様に可能なお話ではありません。その方の属性や、運良く銀行が気に入る物件に巡り合えたなどの条件が合致して、成功に至った例です。

同じ話になりますが、どういった銀行に、どういった物件を持っていけば融資が通りやすいのかがポイントとなります。

それぞれの銀行が気に入る物件をどれだけ紹介できるかが重要になりますので、どの不動産業者を使っても可能な話ではありません。

不動産業者といっても、戸建てなどマイホームの実績しかないところですと、そのようなノウハウはありません。

また、一棟物の収益物件を扱っている不動産業者であっても、年に2回~3回の実績しかなければ、そもそもノウハウの蓄積が少ないですし、取り扱っている銀行の数も少ないので、銀行の融資基準などの情報を熟知していません。

同じ不動産業者でも、一棟物の収益物件の実績が豊富で、いろんな銀行を扱った経験によりノウハウが積み上がっていきます。それができる業者はそれほど多くありません。

Q73 サラリーマンリタイヤするには何棟くらい物件があればいいでしょうか

その人が月々のキャッシュフローをどれくらい欲しいかによります。

また、一口に収益物件といっても、一棟から上がるキャッシュフローはそれぞれ違います。

何棟ぐらい必要なのかと問われれば、キュッシュフローが大きい大型物件では一棟でよいかもしれませんし、小さい物件ですと10棟は必要になるのかもしれません。

それぞれ個人の属性により、銀行から借入できる金額も違ってきますので、買える物件の数も限界があります。

収益性が悪く、キャッシュフローは少なくなるけれど、「立地条件がとてもよく、資産価値が高い物件を買いたい！」という人もいます。

逆に、地方の利回りの高い物件をたくさん買って、キャッシュフローをできるだけ高め、とにかく投資効率重視のお客様もいらっしゃいます。

それぞれ人によって考え方が違いますので、投資家の考え方やスタンスに従って、買い進めていただければと思います。

我々業者も、最初から投資家さんの考え方やスタンスを教えていただければ、できるだけそれに見合う物件を探し、銀行などの借入のお手伝いもさせていただきます。

Q74
規模拡大するためにやってはいけないことを教えてください

先述しましたが、基本的には、新築の投資用区分所有マンションの購入は、やめた方がよいでしょう。

次々と物件を買い進めていく場合、銀行借入において負の遺産になる可能性が高いからです。場合によっては、そこから次のステップに進めなくなる可能性もあります。

それと、これは絶対とは言い切れませんが、中古であっても区分所有マンションを買い進めていくことはお勧めしていません。

その理由としては、投資効率が悪いからです。

最後まで持ち続けるならよいですが、途中で売却してもキャピタルゲインが出にくいですし、逆に損失を出すケースも見うけられます。


また、利回りを追い求めた結果、空室率の高い物件に興味をよせる投資家の方もいらっしゃることでしょう。

私としては、そういった特殊な物件の投資経験が豊富で、再生ノウハウをお持ちの投資家であれば別ですが、そうではない一般の投資家はやめた方が無難だと考えます。

やはり、不動産投資の基本は、利回りなどの投資効率だと思うのです。

前提として稼働率の高い物件、キャッシュフローがプラスとなる物件を選ぶことが基本です。「空室率の高い物件はなぜ埋まらないのか？」という原因を、もう一度よく考えてみるべきだと思います。

騙されて空室率が高く、埋まらない物件を買わされた投資家の方もいらっしゃいます。

レントロールと呼ばれる家賃表が、意図的に操作をされていることもあります。

売主が物件を売りたいがために、短期間の間だけ誰かにその物件の空室に入居して

もらうというやり方です。この場合、物件を買ったと同時に退去されてしまいます。

とにかく物件を購入する場合は、ペーパーに書かれている物件概要をそのまま信用

するのではなく、しっかり自分自身でリサーチすることが大切です。

レントロールをごまかされたとしても、「この立地でこの間取りなら家賃はいくら

か？」と、現地の賃貸業者に何社か聞けばわかることです。

不動産投資で失敗したと言う人は、人の言うことをそのまま鵜呑みにして、自分自

身で実際に裏を取るという手間をせず、悪い物件を掴まされたという方が多いです。

投資は自己責任です。もちろん、騙した売主や不動産業者も悪いのですが、何千万

円、何億円もする高い買い物をするのに、きちんと調査もせずに鵜呑みにして購入す

るのは、投資家として失格ではないでしょうか。

レントロールの裏をとるだけでなく、修繕履歴もきちんとチェックするなど、要は、最低限のやるべきことをやっていれば、不動産投資の失敗は限りなく少なくなるでしょう。


不動産投資も「投資」です。繰り返しになりますが、不慮の災害やトラブルに巻き込まれるリスクがありますから、それに対する備えも必要です。

たとえば、不慮の修繕を緊急にやらなければいけない場合、ある程度の資金を用意しておかなければ対処はできません。トラブルが起こってから銀行に融資を申し込むようでは間に合いません。

不動産投資をするということは、結局、多額の借金を背負うことです。

そのリスクに見合うリターンを得るためには、投資家さん自ら、日々、勉強してノウハウを蓄積していくしかないのです。他人まかせ、人まかせでは、大きな失敗をする可能性があります。

逆に、日々努力をして、自身の不動産に関するスキルを磨き、やるべきことをきちんとやって、物件投資をしていけば、他の株式などの投資と比べても、失敗するリスクが少なくなるのが不動産投資です。まずは、不動産に関する知識をしっかり勉強してください。

そして、日々、インターネットなどにどんな不動産情報が出ているかを吟味し、相場観を養い、ノウハウを蓄積してください。

不動産投資に関する本もたくさん出版されています。著者により、いろいろな角度や視点を変えて、不動産投資の考え方が述べられていますので、ぜひ参考にしてみてください。

ただし、カリスマ投資家さんの本ばかりに偏るのはよくないと思います。

一般の人ができないことができるから「カリスマ」と呼ばれるのであり、安易にマネをすると失敗をしてしまいます。

コツコツと努力を積み重ねていきますと、一流の魚屋さんのように、魚を見ただけで、この魚はおいしいのか、まずいのかを見分けられるようになります。

そして、不動産に関するスキルが身に付きましたら、あとは、経験豊富で実力があって信頼のできる不動産業者と営業マンを選んでください。

これが、不動産投資に成功する秘訣です。

第13章 〈法人化〉

個人と法人では どちらが有利ですか？

Q75　個人での購入と法人での購入は どちらがいいのでしょうか ／ 206
Q76　個人のメリットはなんでしょうか ／ 207
Q77　法人でのメリットはなんでしょうか ／ 208
Q78　法人にするタイミングはいつでしょうか ／ 211
Q79　法人をつくったら会社にバレませんか ／ 213
Q80　マイナンバー制度で 法人をつくったことがバレませんか ／ 218

Q75 個人での購入と法人での購入はどちらがいいのでしょうか

いろいろな考え方ができますので、法人と個人、どちらで購入したらいいのかは一概にはいえません。

個人で銀行から融資を受ける場合は、基本的に団体生命保険（以下、団信）が組み込まれていますし、組み込まれていない場合は、別途団信を申し込むこともできます。

この団信ですが、債務者が亡くなった場合、保険により銀行に一括返済するというものです。その場合、相続人が、債務を引き継いでローンを払い続ける必要はありません。一種の生命保険のようなものです。

ただし、この団信には上限があります。個人の借入の上限は銀行によって変わる部分がありますが、一般的に上限3億円といった形で決められています。

それ以上に物件を買っていきたいと思えば、個人で購入するのは不適当です。

資産管理会社などを設立して、法人名義の物件購入であれば、事業性融資ということで、新たな借入の可能性もあります。ただし、各銀行により法人の条件もありますので、詳細に関してはお客様個別に相談に乗っております。

なお、資産管理会社で借入をした場合も、経費を支払って経営者保険に入ることで死亡時のリスクヘッジにすることが可能です。

Q76

個人のメリットはなんでしょうか

個人向けのアパート・マンションローンはパッケージ化されているということもあり、審査スピードが早いのが特徴です。期間は銀行によって変わりますが、早い銀行では3日程度で審査結果がわかります。

その他のメリットでいえば、先ほどの通り、団信が使えるということです。相続人にとっては、借金ゼロで収益物件を引き継ぐことができるのは魅力です。

Q77 法人でのメリットはなんでしょうか

法人のメリットは大きくあげて3つあります。

1つ目は、法人名義で物件購入ができるということです。そのため、個人と違い売り上げから経費を引いたものに対しての納税になるため、税金のコントロールが個人よりしやすいです。

2つ目は先ほども書きましたが、個人よりも法人にした方が、個人の所得税率よりも法人税率が低いため、税金が安くすむといったメリットがあります。

高属性のサラリーマンの場合は年収が高く、元から所得税率も高いというケースがあります。そういった投資家が個人で物件購入をすると、元々の高い所得に不動産所得が足されるため、所得税率が最高額（1800万円越え）になる可能性もあります。

いくら不動産投資で利益があっても、税金ですべてもっていかれては本末転倒です。

そういったときに、法人で物件を所有すれば、自分以外の家族を役員や従業員にすることで所得分散が可能となります。

もちろん、労働実態は必要ですが、アパート・マンション経営では、リフォームプランや管理会社との折衝など、女性でも活躍できる場があります。

その他、法人と個人では計上できる経費が大きく変わります。減価償却のコントロール、損益通算といった法人ならではの節税方法も多数あり、不動産投資で得た利益をより多く残すことができます。


3つ目のメリットでいえば相続対策です。

人間はいつか死亡しますので相続が必ず発生します。ですから、多大な不動産を相続するとなると、相続税が莫大にかかってきます。

それに対して、法人に所有させていれば、法人は死亡しませんので、不動産の相続税評価額による相続税は発生しません。ただし、資産管理会社の株式を所有していますので、それに対する相続税は発生します。

ただ、資産管理会社の所有株式については、たいていの場合、資産承継により、本人から相続人である子供に売却することが多いので、本人が死去する時には、すでに子供に所有権が移っているケースがほとんどです。

資産管理会社の株式資産承継の詳細については、税理士などの専門家に相談してください。たいていの場合、資産管理会社が赤字を出したタイミングで株式の譲渡が行われますので、株式の時価評価が低くなり、売却益に関する税金もそれほどかからないはずです。

このように、法人のメリットは、相続税が安くなるとか、個人の所得税よりも法人税の方が、税金が安くなるという税務上のメリットが大きいと思います。

Q78 法人にするタイミングはいつでしょうか

元々の課税所得が多い方、あるいは「複数棟を買い進めたい！」という方は、はじめから法人の設立をお勧めします。

先ほど話したとおり、日本では、所得が高い個人ほど税率が高くなる超過累進課税制度をとっています。税率は5％、10％、20％、23％、33％、40％の6段階に分かれており、所得が多い人ほど税率が上がる仕組になっています。

最低税率の5％は、年間の課税所得が195万円以下の人に適用されます。それに対して、最高税率40％は、課税所得1800万円超の人に適用されます。

ですから、一般的に、この最高税率の40％が課せられる前までに、法人化するケースが多いと思います。

現状ですと、年800万円超の法人ですと、法人税率は23・9％となっています。

13章

【個人に課せられる所得税率】

所得税の速算表

課税される所得金額	税率	控除額
195万円以下	5%	0円
195万円超 330万円以下	10%	9万7500円
330万円超 695万円以下	20%	42万7500円
695万円超 900万円以下	23%	63万6000円
900万円超 1800万円以下	33%	153万6000円
1800万円超	40%	279万6000円

・出典：国税庁
https://www.nta.go.jp/taxanswer/shotoku/shoto318.htm

【法人に課せられる法人税率】

		現行		改正後		
事業年度		H28.4.1〜 H29.3.31	H29.4.1〜 H30.3.31	H28.4.1〜 H29.3.31	H29.4.1〜 H30.3.31	H30.4.1〜
普通法人		23.9%	23.9%	23.4%		23.2%
中小法人等(※)	年800万円以下	15%	19%	15%	19%	
	年800万円超	23.9%	23.9%	23.4%		23.2%
公益法人	年800万円以下	15%	19%	15%	19%	
	年800万円超	19%		19%		
法定実行税率(普通法人)		31.33%		29.97%		29.74%

(※1)中小法人とは、期末資本金の額が1億円以下で、資本金の額が5億円以上の大法人と完全支配関係にある法人を除いた法人をいいます。

(※2)中小法人に対する軽減税率の特例が2年間延長となり、引き続き年 800 万円以下の所得金額に対しては、15%(本則 19%)の税率が適用されます。

・出典：国税庁
https://www.nta.go.jp/zeimokubetsu/hojin.htm

ですから、個人に対する所得税率が、この法人税率を超えてしまうのは、所得金額が900万円を超えるあたりになると思います。

つまり、この近辺の所得になった時、法人化して法人税で税金を支払うことを、真剣に専門家と相談した方がよいことになります。

なお法人税率は、これから順次、改定されていきますので、その詳細についても、専門家にご相談ください。

Q79
法人をつくったら会社にバレませんか

会社員の場合、勤めている会社規定により、副業が禁じられていることがあります。そのような場合は、個人で不動産経営をすることもできませんし、また「資産管理会社も作ってはいけない」という規定の会社もあります。

マイナンバー制度もスタートしましたので、それも合わせて、まず、それまではどうだったかについてお話していきたいと思います。

まず、会社に知られてしまうかどうかは、住民税の支払い方が、大きなポイントとなります。通常、サラリーマンであれば、住民税は給与から天引きという形で支払われているはずです。このことを特別徴収と言います。

もし、副業などで所得がある人が、この特別徴収制度を継続した場合、給与収入による住民税と副業による所得に対する住民税の両方を給与から天引きしないといけなくなります。つまり、会社に知られてしまうということです。

そこで、一般的には、この特別徴収を普通徴収に切り替えて、住民税を支払うことで、会社に知られることを防いでいるのです。

ただし、ここで注意しないといけないのは、この方法は、あくまで個人の不動産所得に対する住民税の支払いには有効ですが、資産管理会社などの法人を設立し、そこから役員報酬などをもらった場合は給与所得となりますので、普通徴収への変更ができなくなります。同じく、給与所得や年金所得がある場合も、普通徴収に変更はできません。

さて、注意して普通徴収に切り替えれば、通常、会社に知られることはないのですが、あるイレギュラーなケースが起こると会社に知られてしまうこともあります。まず、不動産所得が黒字である限り、まったく問題はありません。

住民税の徴収方法を普通徴収と申告するだけで、給与所得にかかる住民税は勤務先で特別徴収という形で天引きしてくれますし、不動産所得にかかる住民税については、役所から自宅に納付書が送られてきますので、それで納付するだけです。

会社に知られる心配はありません。

問題となるのは、不動産所得が大幅な赤字となった時です。大きな物件を購入しますと、減価償却費や不動産取得税、さらに登記税など多額の費用を計上することになりますので、不動産所得も赤字になります。

この状態で確定申告をしますと、当然、所得税は還付されることになりますし、それに伴い住民税も大幅に低くなります。

住民税が大幅に低くなるということは、会社の給与所得以外になにか損益通算できる所得がないとありえないので、会社に副業が知られてしまうことになるのです。

以上のように、会社に知られてしまうかどうかは、住民税の納付がどのようになるかがポイントとなります。

法人を設立して、そこから、役員報酬や給与をとりますと、住民税の支払いにおいて、普通徴収が選べなくなり、会社に知られてしまうことになります。

また、普通徴収を選択できたとしても、不動産所得で赤字を計上してしまえば、住民税がゼロとなったり、大幅に軽減されることから、会社側になにか損益通算している所得があることがわかってしまうのです。

会社側は、給与から天引きをする手続きを進めているのに、そこに役所から、住民税がゼロの通知が来たら、担当者もさぞや驚くことでしょう。

もし、不動産所得が少しの赤字であれば、「医療費控除や生命保険料控除で、たまたま住民税が少なくなったのだな」と思いこみ疑わないかもしれません。しかし、住民税が大幅に減額されるとなれば疑うしかありません。

こういった不動産所得が大幅に赤字になるような場合は、確定申告の還付申告をわざと遅らせるなどして、なんとか乗り切るしかありません。

還付時期をずらせば、会社に知られる可能性は少なくなるかもしれません。いずれにしても、税務の専門家と相談することをお勧めします。

続いて、マイナンバー制度に変わると、なにか不都合が生じるのでしょうか？　これは、各自治体の対応次第としか申し上げられません。

今までも、普通徴収への切り替えの手続きをしたにもかかわらず、市町村の担当者のチェックミスにより、切り替えの手続きが行われず、その結果、会社に知られてしまうケースがたびたび発生してきました。

これを防ぐためには、たびたび市町村の担当者へ電話して、普通徴収に変更されているかどうかを確認するしか方法はありません。

さて、現状、マイナンバー制度の導入により、各自治体の担当者は、非常に混乱しています。

特別徴収にするか、普通徴収にするかについては、各自治体が決めることができることになっており、普通徴収を断る自治体が増えてきているそうです。

そもそも住民税をきっちりと払ってもらうためには、特別徴収の方が望ましいと考えられています。

つまり、マイナンバー制度が、直接どうだからではなく、マイナンバー制度の導入のせいで各自治体が非常に繁忙となり、役所の事務軽減のために特別徴収を推進する自治体が増えているというのです。その影響により、会社に知られるリスクが増えているというのが実態ではないでしょうか。

Q80 マイナンバー制度で法人をつくったことがバレませんか

前述の質問にもありましたが、新しくスタートしたマイナンバー制度について、もう少しご説明していきたいと思います。

海外の先進国では、何十年も前から、国民の個人に番号を割り振り、年金や税金などの情報を一括管理してきました。たとえば、アメリカの社会保障番号（ソーシャルセキュリティーナンバー）は、よく映画などでも耳にしますので、ご存知の方も多いと思います。

日本では、これをマイナンバー制度という名前で、「年金」や「保険」、「パスポート」や「税金」、「運転免許」や「住民票」、さらに「雇用保険」などの情報を一括管理されることになりました。つまり、今までは、政府の各機関や地方自治体の各役所でバラバラに管理されていたものが、マイナンバーという名前の情報ネットワークシステムにより一元管理されることになったわけです。

今まで、引っ越しなどをした場合、各役所や各機関にバラバラに届出手続きをしなければならなかったのが、一つの手続きで済むようになりました。

役所側のメリットとしては、複数の収入先を持つ個人についても、正確な所得を把握することができるようになりました。これにより、役所側で、各個人の正確な所得に応じた課税や年金、社会保障などの計算ができます。

課税や社会保障の給付についても、二重加算による間違いがなくなります。一方、所得隠しや氏名を変更することによる脱税や不正受給もできなくなりました。

このマイナンバー制度により、個人の正確な収入や所得を把握し、富裕層や事業者が不当に税金や社会保障負担を免れたり、生活保護などの給付を不正に受け取ることを防止できるようになったわけです。

基本的に、このマイナンバー制度による情報が、会社などの外部組織に流れることはありません。なぜなら、個人情報保護法以上に、情報の取り扱いについて非常に厳しいルールを設けており、あくまでも、マイナンバーのネットワークシステムに加盟している組織にしか、情報は流れないことになっています。

とはいえ、これまでに出していなかった個人の情報をあちこちに出さなくてはいけないことには変わりなく、まだ運用ははじまったばかりで、うまく機能するのか未知数の部分もあります。そして、万が一、情報が流失した場合には、あらゆる個人情報がわかってしまいます。つまり、マイナンバーから不動産投資を行っていることがバレないとは限りません。

サラリーマン投資家への注意事項としては、法人番号についてはオープンとなるということです。マイナンバー制度では、個人のひとりひとりに個人番号が割り当てられるだけでなく、法人などに対しても、法人番号が割り当てられることになりました。

行政機関もそれまで、各機関で個別に管理していた「特定法人情報」を、この法人番号制度により、情報連携することができるようになり、業務の効率化ができるようになりました。すべての法人等には13桁の法人番号が割り当てられ、2016年1月から順次、社会保障・税分野の申告書、及び法定調書などを提出する際に、法人番号の記載が求められるようになっています。

個人番号と法人番号の大きな違いは、個人番号は、他人には公開されないのに対して、法人番号は、『国税庁法人番号公表サイト』(http://www.houjin-bangou.nta.go.jp/)で、一般に公表されることです。このサイトで公表される内容は、法人の

「商号」または「名称と本店」、そして主たる事業所の所在地の情報です。

つまり、マイナンバー制度による法人番号制度によって、法人の所在地が誰にでも簡単にわかってしまうのです。

もし、自宅を法人の本店所在地として登記をしていれば、当然、誰でも国税庁のサイトから検索することができます。

そのため、自宅ではなく自分の実家、妻の実家、もしくはバーチャルオフィス（住所貸し）などを利用して会社登記を行う方が安全です。

今後、この法人番号制度が、代表取締役の情報で検索できるように改定されると、本店の登記場所をごまかすだけでは対抗できなくなるかもしれませんので注意が必要です。このため、代表取締役を配偶者や親など、自分以外の人に頼むのも一つの手立てです。

【国税庁法人番号公表サイト】

・出典：国税庁
http://www.houjin-bangou.nta.go.jp/

13章

STEP4 解説動画

STEP4のまとめを
著者の峯島忠昭より動画で
わかりやすく解説します。

⇩

http://mnsm.jp/newkyoukasyo4

スマホからは
QRコードで！

おわりに

本書を最後までお読みいただきまして、ありがとうございました。

六本木交差点にあるビルで、不動産会社を経営しはじめてから3年が経ちました。

私はこのビルを拠点に投資家さんへのセミナーや面談を行っています。

いわゆる高属性といわれる年収の高いサラリーマンの方々、高年収の自営業者や華々しいキャリアを持つ士業の方々にお会いすることも多いです。


しかし、私自身を振り返ると、年収300万円足らずの低属性サラリーマンから不動産投資をスタートさせました。

劣悪な環境での工場勤めの中、歯を食いしばって貯蓄をして、その自己資金を使い、区分マンションを購入しました。

そして、信用金庫から融資を受けてアパートを何棟か購入、最後はソシアルビルを購入して利回り70%という、今では考えられないような高収益を実現させ、セミリタイヤしたのです。

よく「低属性でも不動産投資ははじめられますか」と質問を受けますが、答えは「可能性はある」となります。

チャンスはありますが、決して簡単な道ではありません。

なぜなら、年収が低い人は人並みはずれた行動力が必要だからです。私はお金を稼ぐために、新聞配達から工場勤務、副業としてのアフィリエイトなど、様々なことをしました。もちろん、よい物件を購入するために膨大な努力もしました。

それが、ある一定以上の属性のサラリーマンであれば、そこまでしなくても、物件を購入できます。

でも、たとえ低属性であっても、そのハンデを埋めるべく努力すれば、不動産投資はできるのです。

人それぞれ戦い方があります。決してあきらめないことが肝心です。

私が最近感じるのは、サラリーマン大家さんを目指す皆さんが、理想を追い過ぎのように感じます。

これも、よくいただく質問ですが、なかなか物件を買えない人の特徴をいえば、「物件に対する自分基準が高い人」です。

私は毎日のように不動産の相談をお受けしていますが、その中でも自分なりの投資理論、自分なりの投資基準などをすでに持っている人もいます。

その判断基準が高ければ高いほど、物件を市場で見つけるのは難しくなります。

確かにその目線で物件が出てくればそれは誰もが欲しがります。でも、条件に当てはまる物件が出てこなければずっと物件が買えない事態に陥るわけですから、ここは非常に難しいところです。

やはり、現実を知って相場よりも少しでも安い物件を買って行くことが、物件を増やしてキャッシュフローを増やして行く現実的な方法です。

それにはまず現状を把握して、今の相場から見て割安な物件を知ってもらうことが物件を買える第一歩だと考えます。

もちろん、私も1円でも物件を安く買って欲しいのが本心ですが、ありもしない利回りの物件を追い求めて行くのは永遠に付き合えない女性を追い求めて行くのと一緒なので、ご注意ください。

私が最後に皆さんにお伝えしたいのは、「行動すること」です。

成功の反対は「失敗」ではありません。「行動しないこと」なのです。

サラリーマンの皆さんは失敗を極度に恐れますが、「失敗は成功のもと」と言われています。失敗しても、そこから得る学びがたくさんあるのです。

どんなに慎重にしても、不動産投資では大なり小なり失敗はあります。全部が全部100点満点の物件はありません。

私自身も、サラリーマン時代に不動産投資を始めた頃は失敗をたくさん経験しています。取り返しのつかない失敗をしないためにも、行動を起こして小さな失敗を経験して、より大きく成功していくのがベストだと思います。

本書を読んで、「ここをもっと知りたい」「〜〜のケースならどうなるの？」など、もっと質問が浮かんだ方、ぜひ、私に会いにきてください。

皆様の投資が成功し、明るい人生を切り開けるよう、全力でサポートをさせていただきます。

2017年11月

峯島忠昭

峯島忠昭の役立つ情報ツール

読者参加型メルマガ「峯島忠昭のお金持ちクラブ」

【¥864（税込）／月　発行／毎週日曜日】

初月無料

"資産10億円"
不動産投資
ID: 0001679868
読者参加型メルマガ「峯島忠昭のお金持ちクラブ」
峯島忠昭
¥864（税込）/月　初月無料！
毎週 日曜日
PC・携帯向け/テキスト形式

人気メルマガ「水戸市のサラリーマン大家さん」の発行者である、峯島忠昭が無料メルマガで言えない話を書いています。
読者特典として、月に30人限定で15分の電話、skype、LINE電話での質問が出来ます。内容はなんでもかまいませんが、後日、メルマガ内でQ&Aをシェアします。（相談者は抽選にします）また、月に1回、読者さんだけが集まる秘密の飲み会を開催しています。各業界の成功者が多いこの飲み会では、日常では聞けないお金の話が聞けたりします。

まぐまぐ不動産投資系メルマガNO1　14万人の読者が熱読。

『水戸市のサラリーマン大家さん』

無料

購読者日本一の不動産無料メルマガ。年間取引額300億円以上、累計取引額1000億以上の著者が、不動産投資についてのノウハウや最新情報を真剣に書いています。メルマガ登録で非公開の物件情報も入ってきます。

以下URLより無料配信中　※「水戸大家　メルマガ」で検索！

http://www.mag2.com/m/0000282526.html

峯島忠昭の不動産知識を完全収録！

『不動産投資大百科』

PDF
554ページ

無料

不動産投資
大百科
全不動産投資
ノウハウ完全解説
全554頁・無料公開・期間限定
2年で資産10億円になった人多数！
自己資金が少なくても、年間家賃収入1億円超えが
続出する不動産投資の極意を、あなたに公開いたします。
もちろん、リスクをとって、もっと家賃を増やす方法も
わかりますので、それらを全て詰め込んで
「不動産投資大百科」としてまとめました。
テリー伊藤の
マル金ライダー8
TV番組
出演中！
TOKYO MX
PM20:00〜0A

不動産投資
大百科
全不動産投資
ノウハウ完全解説

※こちらはイメージです。実際は電子ブックとなります。

以下URLより無料配布中（期間限定）　※「水戸大家 不動産投資大百科」で検索！
※2018年6月末まで配布予定

http://mnsm.jp/mhkf

・著者プロフィール

峯島 忠昭（みねしま ただあき）

1980年茨城県生まれ。株式会社水戸大家さん代表。株式会社MTK代表。不動産仲介業全般。宅地建物取引主任者。

サラリーマン時代の2005年より茨城県水戸市を中心に不動産投資を開始し、わずか4年で家賃年収1700万の資産を築く。その結果、28歳の若さでサラリーマンを引退しセミリタイアを果たした。

2011年の東日本大震災をきっかけに、水戸市を離れ不動産業に専念。六本木交差点に本社をかまえ、年商10億円、50人の社員を抱える実力派経営者となる。相談者への融資サポート額は累計1000億円以上、不動産取扱額は累計300億円以上。

現在は、TV番組、ビジネス雑誌インタビュー、無料メルマガ『水戸市のサラリーマン大家さん』（14万部※本書出版時）など多くのメディアで日々良質な不動産情報を提供している。さらにほぼ毎週日本全国で、サラリーマンや不動産投資家へ向けたセミナーや面談を（述べ人数2万5千人※本書出版時）をおこなっている。

著書に『お金持ちの経営者や医師は既にやっている"資産10億円"をつくる不動産投資』『改訂新版"水戸大家式"本当にお金を稼げる不動産投資術』（共にごま書房新社）等、計8冊執筆。

●著者サイト『株式会社水戸大家さん』
http://mitoooya.com/
●著者メルマガ『水戸市のサラリーマン大家さん』（購読無料）
http://www.mag2.com/m/0000282526.html

最新版 サラリーマン大家さん
"1棟目"の教科書

著　者　峯島 忠昭
発行者　池田 雅行
発行所　株式会社 ごま書房新社
〒101-0031
東京都千代田区東神田1-5-5
マルキビル7F
TEL 03-3865-8641（代）
FAX 03-3865-8643
カバーデザイン　堀川 もと恵（@magimo創作所）
印刷・製本　創栄図書印刷株式会社

ISBN978-4-341-08687-9 C0034